나만 몰랐던
마지막 투자처
생활형 숙박시설

나만 몰랐던 마지막 투자처 생활형 숙박시설

초판 1쇄 인쇄 2022년 1월 24일
초판 1쇄 발행 2022년 2월 3일

지은이 권주영

발행인 백유미 조영석

발행처 (주)라온아시아
주소 서울특별시 서초구 효령로 34길 4, 프린스효령빌딩 5F

등록 2016년 7월 5일 제 2016-000141호
전화 070-7600-8230   **팩스** 070-4754-2473

값 16,000원
ISBN 979-11-92072-23-4 (13320)

라온북은 독자 여러분의 소중한 원고를 기다리고 있습니다. (raonbook@raonasia.co.kr)

나만 몰랐던

마지막 투자처

생활형 숙박시설

권주영 지음

RAON
BOOK

프롤로그

생활형 숙박시설(생숙)을 처음 접한 것은 2018년 무더운 여름날이었다. 대로변에 크게 자리 잡은 분양 홍보관 앞을 지나가면서 '건물이 들어서는 곳이 해수욕장 바로 앞이네! 위치 정말 좋다!'라고 생각하며 지나쳤다가, 홍보관 안으로 행인을 집어넣는(?) 임무를 맡았던 분들의 적극적인 권유로 '그래, 한번 들어나 보자'라는 생각으로 생숙 투자 상담을 받게 됐다.

나는 투자에 조심하는 성격이라 여러 번 방문해 상담을 받았다. 충분히 투자가치가 있다고 판단했지만 인터넷에는 확정수익을 준다는 말만 믿고 투자했다가 큰 손해를 봤다는 내용과 함께 부정적인 글들이 많았다. 게다가 당시에는 생숙에 대한 정보도 많이 없었고, 홍보성 글도 블로그나 카페 글이 대부분이라서 신뢰성도 떨어졌다. 수많은 고민 끝에 결국 분양을 받기로 결정했다. 일단은 위치가 너무 좋았다. 수익이 안 높으면 내가 별장으로 쓰거나, 따로 세를 줘도 금방 나갈 것 같았다. 나는 확신이 있었다.

아쉬운 부분을 묻어둔 채 건물 준공 시기가 다가올 무렵, 내가 만든 오픈 채팅방에서 생숙 분양자들 사이에 여러 대화들이 오고 가기 시작했다. 그런데 나를 포함해 생숙에 대해서 제대로 아는 사람은 1명도 없었다. 그러다 보니 각자가 수소문한 정보를 바탕으로 의견들을 주고받았다.

위탁운영 업체를 선정하는 과정에서 격렬한 논쟁이 있었다. 나는 이때 여러 위탁운영 업체 대표님과 미팅도 하고, 업무 내용을 설명 들으면서 많은 공부를 하게 되어 위탁운영 업체를 분석하는 툴을 만들게 됐다. 이 자료를 공유해서 많은 논의도 했다. 그 후 각자의 선택에 따라 위탁운영 업체를 선택하게 되었다. 이때 공신력을 가진 생숙과 관련된 책이 있었으면 좋겠다고 생각했다.

생숙은 최근에야 투자가치를 인정받게 된 부동산투자 영역이다. 앞으로는 생숙 1객실쯤은 누구나 운영할 정도로 대중화될 것이라고 나는 예상한다. 코로나19로 전반적으로 힘든 시기에도 '돈 잘 버는' 생숙은 큰 타격을 받지 않았다. 인기있는 생숙은 '정해져' 있기 때문이다. 앞으로 코로나19가 끝나면 여행, 숙박업에 다시 호황이 시작되어 생숙의 인기는 더욱 치솟을 것이다. 그리고 지금보다도 훨씬 더 많은 수익을 가져다줄 것이다. 이 책을 통해 생숙 분양 담당자, 생숙 (예비) 투자자, 부동산 중개인 등 관심이 있는 많은 이들이 생숙에 대해 잘 이해할 수 있기를 바란다.

권주영

차 례

1장
부동산의 뉴 트렌드, 생활형 숙박시설이 온다!

2장
무조건 수익 내는 생숙 투자 따라 하기

3장
생활형 숙박시설 재테크 플랜

4장
생숙 똑똑하게 운영·관리하기

생숙의 또 다른 이름, 레지던스 호텔 야무지게 즐기기   부록

1장

부동산의
뉴 트렌드,
생활형
숙박시설이
온다!

마지막 투자 자유 구역, 생활형 숙박시설

생활형 숙박시설, 본질을 명확히 이해하라

'생활형 숙박시설'에 대해 들어본 적이 있는가? 아마 '레지던스'라는 이름은 조금 친숙할 수도 있겠다. '서비스드 레지던스(Serviced Residence)'라고도 하는 생활형 숙박시설은 원칙적으로 여행 또는 장기출장을 하는 경우 기본적인 취사가 가능하도록 만든 숙박시설의 한 종류다. 2000년대에 숙박시설 공급이 부족해지자 개인에게도 숙박시설을 소유할 수 있게 하면서 나온 부동산 물건으로, 공중위생관리법 시행령(복지부) 개정을 거쳐 2012년부터 본격적으로 도입되었다. 줄여서 '생숙'이라고 많이 부른다.

생숙이 기존 주택이나 오피스텔과는 다른 가장 큰 차이점은 사는(live) 공간이 아니라 머무는(stay) 공간이라는 것에 있다. '생활 숙박'이라는 것은 생활하는 곳은 아니지만 생활하는 '것처럼' 머물며 살 수 있다는 의미다. 따라서 그 태생을 생각해봤을 때 생숙은 '잠시 머물기 원하는 사람'이 대상이다.

생숙에 투자를 고민한다면 반드시 이 개념을 명확하게 이해하고 있어야 한다. 왜냐하면 생숙의 본질은 어디까지나 여행객을 위한 시설이기 때문이다. 우리가 여행을 가서 심지어 렌트를 하더라도 머무는(stay) 개념이지, 사는(live) 장소라고 생각하지 않는다. 따라서 생숙을 매수(buy)할 때는 앞으로 여행, 여가, 휴식, 관광객의 수요가 점점 많아지고 이 사업이 지속적으로 성장한다고 확신해야 한다.

생숙의 법적 분류는 숙박과 취사가 가능한 호텔

숙박시설에는 일반숙박업과 생활숙박업이 있다. 모두 공중위생법의 적용을 받고 있지만, 가장 큰 차이점은 취사가 가능한지 여부다. 생활숙박업은 취사가 가능하기 때문에(가스레인지, 인덕션, 전자레인지 등 취사시설이 있음) 레지던스 호텔이라고 부르는 경우도 있으나 법률에서는 '생활숙박시설'로 불린다. 일반숙박업에는 호텔, 모텔 등이 있다. 분양형 호텔도 일반숙박업에 속한다.

원칙적으로 생숙은 주거용이 아니기 때문에 주거용 상품인 아파트, 오피스텔과 비교하기엔 적절하지 않고, 기존의 숙박시설인 호텔과 비교하는 것이 적합하다. 그러므로 생숙에 투자하는 투자자라면 반드시 투자 목적을 주거용이 아니라 숙박시설로 생각하고 투자해야 한다. 다음에 나오는 2021년 7월 29일에 발의된 '건축물의 분양에 관한 법률 일부개정법률안'의 제안 이유를 참고하길 바란다.

> 생활숙박시설은 장기투숙자를 대상으로 해 취사시설을 갖춘 숙박시설에 해당하지만, 최근 투자목적과 함께 마치 주택용도로 사용이 가능한 것처럼 홍보되면서 분양이 이루어져 수분양자의 피해를 양산하고 있음. (중략) 이에 따라, 「건축물의 분양에 관한 법률」에 따라 분양하는 건축물에서 생활숙박시설을 제외함으로써 생활숙박시설이 주거용으로 불법전용되는 것을 방지하고, 본래 취지대로 「공중위생관리법」에 따른 숙박시설로 영업신고 및 사용되도록 하고자 함.
>
> — 건축물의 분양에 관한 법률 일부개정법률안, 2021. 7. 29.

생숙은 부동산이다

생숙은 등기권리증이 있고, 엄연히 그 공간은 내가 배타적으로 사용, 수익, 점유할 수 있다. 생숙은 어디까지나 '부동산'에 속하기 때문에 주식 투자와는 엄연히 대비된다. 통통 튀는 탁구공처럼 변동성이 심하고 가격 급등락이 심한 주식과는 다르게, 생숙은 볼링공처럼 상대적으로 무겁고 안정적이다. 장기 우상향이 기대된다면 5년 이상의 장기투자 목적으로도 좋다.

좋은 생숙은 시세차익도 기대할 수 있다. 교통 호재와 관광지로

:: 생숙의 특징 ::

건축물 용도상 분류	숙박시설
적용법률	건축법(아파트 등은 주택법)
공중위생관리법	적용
취사 여부	취사 가능
청약통장	필요 없음
청약 나이 제한	19세 이상
개별등기	가능
분양 시 부가가치세	환급 가능
임대사업자 등록증	일반 임대사업자 가능(주택 임대사업자 불가능)
개인이 숙박업 운영	불법
전세대출	불가능
사업자 담보대출	가능
운영 업체 위탁	30호실 이하 필수
소유자 직영 운영	30호실 이상 가능
발코니	가능
바닥 난방	가능
주택 보유 수	불포함
주택 사용 여부(주거용)	불가
주소지 이전	가능(주택으로 간주)
분양 후 판매 제한	없음(자유롭게 매매 가능)
취득세	최초 1회 취득가의 4.6%(여러 개를 사도 중과 없음)
재산세	매년 1회 • 토지분: 토지개별공시지가×공정시장가액비율 (70%)×0.2~0.4% • 건물분: 건물개별공시지가×공정시장가액비율 (70%)×0.25%
종합부동산세	납부대상 제외 (공시가격 80억 원 초과 시 납부 대상)
양도소득세 중과	제외(여러 개를 팔아도 중과 없음)
소득 분류	사업소득
부가가치세	납부대상

서 꾸준한 수요를 가져다주는, 개발이 지속적으로 이루어지는 지역의 땅값은 꾸준히 오르기 때문이다. 추가로 생숙을 건설할 땅도 부족한 상태다. 속초지역의 경우 몇 년 전에 해수욕장 근처의 땅값이 3.3㎡에 500만 원도 안 했는데 2022년 1월 기준으로 호가가 3,000만 원 가까이 치솟았다.

이렇게 가격이 올라도 팔려는 사람이 없다. 토지 가격 상승분이 생숙에 반영되기까지 시간이 걸릴 뿐 장기적으로는 생숙의 가격도 올라가기 때문이다.

낮은 투자금, 무이자 대출에 높은 수익률까지

가장 적은 자투리 투자금으로 진입할 수 있는 투자처

2020년부터 시작된 생숙의 인기는 2021년에 들어 최고치를 갱신하고 있다. 서울, 수도권뿐만 아니라 다양한 지역에서 생숙의 분양 소식이 들려오고, 투자자들이 몰렸다는 뉴스가 보도되는 것이 이를 방증한다. 이에 더해 주거용으로의 활용 규제와 관련된 정책도 발표되면서 투자자들의 관심을 계속 불러일으키는 매력적인 부동산 자산이 되었다.

그렇다면 투자자들이 생숙에 몰리는 가장 큰 이유는 무엇일까? 무엇보다 생숙은 부동산투자 종목 중 가장 진입 문턱이 낮다. 불과 몇천만 원으로 시작할 수 있다. 수도권 외의 지역에는 2,000만 원 이하로 계약할 수 있는 생숙이 많다. 가성비 갑이다. 억 단위의 돈을 월급으로 모으기는 힘들지만 2,000만 원은 적게는 몇 달, 길게는 1~2년의 월급만 모은다면 누구나 도전해볼 수 있는 자금이다. 그리고 소액으로 투자하기에 좋은 혜택과 지원을 받을 수 있다.

생숙은 통장 잔고 0원이라도 시작이 가능하다. 투자하기에 확신이 드는 생숙이 있다면 과감하게 신용대출을 받아서 계약금만 먼저 지불하면 된다. 그리고 이후 신용대출금을 월급으로 갚아나가는 방법을 쓰면 된다. 처음 계약금만 지불하고 나면 그다음 돈이 나가는 시점은 준공 전 잔금 지급일(계약받은 시점에 따라 2~3년 뒤)이므로 시간을 벌 수 있는 이점이 있다. 따라서 계약금을 신용대출로 받은 투자자라면 잔금 지급일까지 자신의 소비 패턴을 점검하고 소비를 줄이며 저축을 늘리는 습관을 기를 수도 있다.

대출 규제의 무풍지대를 활용

생숙에 투자하기 유리한 또 하나의 장점은 중도금이 대부분 무이자 대출로 이루어진다는 점이다. 중도금 무이자 대출은 대부분 시행사가 대신 해주므로 투자자는 잔금 지급일까지 약 2년간 이자 부담을 지지 않아도 된다. 생숙은 숙박시설이기 때문에 대출 규제 무풍지대로 봐야 한다. 게다가 관광, 여행 임대수입 등 영리 목적 업종이기 때문에 비영리 목적의 성격을 가진 주거용 부동산과는 전혀 다른 분야다.

중도금 무이자 기간 동안 자금 활용은 이렇게 한다. 분양받은 시점부터 약 2년 이상의 시간 동안에는 부지런히 월급을 모아서 잔금(분양가의 30% 정도)을 준비한다. 그리고 준공 승인 이후 도래하는 잔금 납부 시점에 낮은 대출 금리를 제공하는 금융기관으로 갈아탄다. 가능하면 생숙 소재지의 금융기관을 이용하는 것이 담보 가치를 높게 평가받고, 금리도 가장 저렴하게 받을 수 있다. 금리만 낮으면 새마을금고(MG)를 이용해도 된다.

요즘은 금리 기준에 따라 신용점수가 영향을 받는다. 새마을금고는 제1금융권은 아니지만, 금리가 시중은행과 유사하다면 신용점수에 영향을 주지 않는다. 반면 저축은행은 신용도를 낮추게 된다. 분양 시 잔금대출을 받을 때 1~3등급과 그 이하 등급은 금리만 조금 차이 날 뿐 대출 가능 금액의 범위는 거의 유사하다.

현금흐름을 이용할 수 있다

분양가 2억 원의 생숙을 분양받았을 때 준비해야 할 현금은 다음 페이지에 나오는 표와 같다. 실제로 수도권 외에 분양되는 생숙은 훨씬 저렴하다. 1억~1억 5,000만 원 이내로 분양받을 수 있다.

표에서 보듯 분양가 2억 원의 생숙을 분양받았다면, 최초 2,000만 원을 계약금으로 납부한 후에 중도금은 시행사에서 무이자로 자동 실행되는 대출을 이용하면 된다. 그리고 완공이 되면 잔금으로 30%인 6,000만 원을 납부하면 된다. 실제 준비해야 할 대금은 약 2년 동안 부지런히 저축해서 6,000만 원을 모으는 것이다. 만약 부족분이 있으면 잔금 때 신용대출로 충당하면 된다.

2018. 8.	2018. 11.	2019. 2.	2019. 5.	2019. 8.	2019. 11.	2021. 2.	2021. 2.
계약 시점	중도금1	중도금2	중도금3	중도금4	중도금5	중도금6	잔금
분양가 10%	분양가 10%	분양가 10%	분양가 10%	분양가 10%	분양가 10%	분양가 10%	30%
자기 돈 (시드머니) 지불	(시행사) 무이자 대출	(시행사) 무이자 대출	(시행사) 무이자 대출	(시행사) 무이자 대출	(시행사) 무이자 대출	(시행사) 무이자 대출	자기 돈 지불

담보대출과 신용대출을 통해 100% 대출로만 생숙을 투자하는 사람들도 있다. 나는 최소 30~40%는 자기자본이 있는 것이 좋다고 판단하지만, 레버리지 효과를 통한 수익률을 극대화하기 위해서는 100% 대출을 활용하는 것도 방법이다. 이것은 투자 성향의 차이다(2장 '이자만 납부하는 레버리지 수익률을 활용하라' 참조).

높은 수익률이 수익금을 보장한다

순서상 수익률이 먼저 결정되어야 수익금을 알 수 있다. 내가 투자하는 돈의 규모에 상관없이 수익률이 높다면, 수익금도 그에 연동되어 높게 산출된다. 예를 들어 2,000만 원을 투자해서 10% 수익률을 얻을 수 있다면 수익금은 200만 원이다. 1억 원을 투자해서 10%의 수익률을 얻을 수 있다면 수익금은 1,000만 원이다.

생숙은 높은 수익률을 보장한다. 그래서 내 투자 자금 대비 훨씬 많은 수익을 올리고 싶은 사람, 적극적으로 자산을 키우고 싶은 사람에게 생숙을 추천한다. 만약 10%의 수익률을 기대한다면, 나한테 돈이 1,000만 원 있는지, 2,000만 원 있는지는 중요하지 않다. 10% 고수익률의 부동산 물건을 가지고 있냐 없냐가 핵심이다. 시드머니가 커질수록 10% 수익률을 주는 생숙을 많이 가지면 된다. 일확천금은 없다. 꾸준히 높은 수익률을 유지하는 것이 여유로운 현금흐름을 안정적으로 확보하면서 자산을 불리기에도 좋다.

상가나 건물보다 안전하다

생숙은 은행처럼 결코 안정적인 상품은 아니다. 그래서 투자할 때 투자 금액과 관리 가능한 대출 수준을 필히 고려해야 한다. 높은 수익률만큼 리스크가 큰 것은 사실이다. 하지만 상대적으로 다른 부동산투자 물건과 비교하면 생숙은 굉장히 안정적이다. 그 이유는 공실 리스크에서 벗어날 수 있기 때문이다. 상가나 건물의 경우 공실이 난 다음 임차인을 바로 찾지 못하면 눈앞이 캄캄하다. 일반적으로 상가나 건물은 월세 수익률에 이미 매매가가 다 정해져 있다. 대출 비율을 0%로 할지 50%로 할지에 따라 투자수익률이 정해진다고 보면 된다.

예외적으로 지가 상승에 따른 양도차익을 목적으로 투자하는 경우가 아니고서는, 일반적으로 월세를 목적으로 투자하는 상가와 부동산의 경우 임차인이 월세를 단 한 번도 미루지 않고 매달 꼬박꼬박 납부한다고 가정해야 가치가 결정된다. 이를 생숙에 대입해보면, 상가의 매매가(가치)는 마치 예약률이 100%여서 공실률 0%가 나오는 비현실적인 상황을 가정하는 것이다.

길게 설명할 필요 없이, 길을 가다 보면 임대가 붙은 상가, 건물이 꽤 많다. 사실 호경기에도 임대 문의 현수막을 꽤 많이 봤는데, 불경기에 붙은 임차인 구한다는 현수막은 정말 마음이 아프다. 한 번 공실이 난 상가·건물은 다음 임차인을 찾기가 쉽지 않기 때문이다. 이 경우 월세와 대출이자 비용을 어느 정도 고려해서 투자했을 텐데, 월세로 대출이자를 많이 커버하지 못하면 상가 주인과 건물주도 심한 타격을 받을 수밖에 없다. 아시다시피 상가와 건물은 가격대가 수억 원에서 수백억 원에 이른다(건물은 수천억 원까지 이른다).

매매가 20억 원 상가를 대출 50%에 금리 3%를 받고 샀을 때, 대출이자만 한 달에 250만 원이다. 지역에 따라 다르지만 최소 대출금리보다 많은 월세를 받기 때문에 투자를 했을 것이다. 월세를 대출금의 4.5% 정도 받는다고 가정 시, 한 달에 375만 원이다. 대출금 250만 원을 내면 175만 원이 남는다는 계산이 나온다. 대략적인 금액은 다르지만, 상가와 건물에 투자하는 사람은 기본적으로 이 차익을 보고 투자한다.

그러나 공실이 날 경우(예약률 0%), 매월 +175만 원이 아니라 −250만 원을 부담해야 한다. 그리고 다음 세입자가 올 때까지 1년 넘게 비워둬야 할 수도 있다. 때로는 급한 마음에 월세를 4.5%가 아니라 3% 또는 3.5%로 낮게 받아야 되는 상황도 생긴다(물론 높게 받는 경우도 있지만, 장기 공실 상가를 이전의 월세와 동일한 금액을 주고 들어가는 임차인은 거의 없다). 그러나 임대료를 낮추면 매매가에 영향을 주기 때문에 차라리 공실로 두기도 한다.

상가주나 건물주가 엄청난 불로소득을 올리는 것으로 생각하는 사람들이 많지만, 실제 이들은 엄청난 고위험 투자자다. 그리고 이들이 해당 상가나 건물을 사지 않으면, 임차인은 장사를 할 장소를 구할 수도 없다. 나 역시 상가, 건물 투자를 고민하던 시기가 있었지만 굉장한 강심장에 포부가 큰 투자자만이 할 수 있는 일이라는 생각을 지울 수가 없었다.

공실 위험 없는 예약률을 보장한다

나는 투자에서는 굉장히 안정적이고 수익은 높은 투자처를 고집하는 투자자이기 때문에 상가나 건물보다는 생숙을 선호한다. 왜냐하면 상가·건물을 구입하기 위에 들어가는 돈은 수억 원에서 수백억 원이지만, 내가 추천하는 생숙은 단돈 몇천만 원으로 시작해서 1억 원 남짓한 단위이거나 2억 원 선이기 때문에 크게 잘못돼도 인생이 망하지 않기 때문이다.

생숙은 위탁운영사가 예약, 관리, 청소 등 모든 업무를 담당한다. 기본적인 숙박업이기 때문에 공실의 개념이 아닌 예약률의 개념이다. 항상 100% 예약되는 숙박업소는 없지만 연평균 40% 이상, 성수기 90% 이상의 예약률만 되면 충분한 고수익을 얻을 수 있다. 어느 위탁운영 업체를 선정하느냐에 따라 예약률이 10%만 나와도 월수익을 받을 수 있다.

예약률을 상가·건물 개념에 적용해보자. 상가·건물은 100% 예약(임차인 확보)이 아니면 0%의 예약률(공실)이다. 반면 생숙은 예약률이 0, 10, 30, 50, 80, 90% 등 다양하다. 결론적으로 생숙에서는 상가가 걱정하는 공실(예약률 0%)인 경우를 회피할 수 있어서 안정성이 높다. 또한 상가는 월세가 계약기간 동안 변동폭이 없어서 수익률이 정체된 반면, 생숙은 휴일, 성수기 등 외부 환경에 따라 객실 숙박료를 올릴 수 있어서 추가적인 고수익도 달성할 수 있다.

생숙은 한 단계 업그레이드된 파이프라인

월급쟁이로 현재와 미래의 소비를 감당할 수 있을까

지금 당장 월급 말고도 다른 방법으로 돈을 벌면 어떻게 시작해야 할지 한번 생각해보자. 아마 머릿속이 하얗게 변하면서 이런저런 생각들로 복잡해질 것이다. 요즘 같은 세상에는 돈을 버는 방법이 이곳저곳에 너무나도 많기 때문이다. 선택지가 많으면 더 힘든 법, 너무 많아서 어떤 걸 해야 할지 갈피조차 잡기 힘들 지경이다. 마치 5개의 답 가운데 정답 1개를 고르는 객관식 문제에서, 20개의 답 중에 정답 2개를 골라야 하는 기분이랄까?

그러기 위해서는 열심히 회사에서 일만 하는 것이 아니라, 회사 밖에서 다른 직장인들, 또래의 친구들이 어떻게 추가 수익을 얻기 위해 노력해야 하는지 알아야 한다. 그리고 사회의 분위도 잘 파악해야 한다.

파이어족? 파이어족!!

요즘 파이어족이라는 말이 유행어처럼 떠다니고 있다. 파이어족은 'FIRE(Financial Independence, Retire Early)'의 앞글자를 딴 말로, 경제적으로 독립해 일찍 은퇴하는 것을 말한다. 일에 매달리기보다는 여유 있는 삶을 살기 위해서 나온 말이다. 금융, 비즈니스에서 유명한 웹사이트 '인베스토피아(INVESTOPIA)'는 파이어족에 대해 이렇게 정의하고 있다.

> 파이어는 일종의 사회운동으로 극단적으로 저축과 투자 활동을 해 기존의 필요한 자금이나 은퇴 계획이 허용하는 시기보다 훨씬 빨리 일에서 벗어나도록 하는 것을 말한다.

파이어족 개념은 1992년, 2명의 금융전문가 비키 로빈(Vicki Robin)과 조 도밍후에즈(Joe Dominguez)에 의해 처음 소개되었다. 이들은 전통적인 은퇴 나이인 65세보다 빨리 은퇴하는 것을 목표로 할 것과, 소득의 70% 가까이를 저축할 것을 주장했다.

우리나라에서는 주로 파이어'족'이라고 부르며 '사람' 중심의 개념으로 이야기한다. 미국에서는 파이어 운동(FIRE Movement)으로 주로 말하는데, 이는 '행위'를 중심에 둔 설명 방식이다. 미국에서는 이 개념이 발전해 아래의 3가지 FIRE도 추가되었다.

• Fat FIRE(살찐 파이어): 풍족한 유동자산과 여유로운 생활자금

을 목표로 한다. 전통적인 라이프스타일을 따르되 평균 이상의 사람들보다 상당한 양을 저축하지만 인생을 즐기거나 고수익을 내는 데 큰 노력을 하지 않는다.

- Lean FIRE(린 파이어 또는 군살 없는 파이어): 최소한의 시드머니와 생활비로 살아가는 사람, 즉 미니멀리스트다. 뭐든지 정말 꼭 필요한 것만 갖고 극단적으로 저축을 한다. 굉장히 절제된 삶을 산다.

- Barista FIRE(아르바이트 파이어): 최소한의 자산으로 파이어족이 된 뒤 9~5시까지 일하는 직업을 그만두고 파트타임 등으로 모자란 생활비를 보충하며 사는 사람이다. 은퇴 준비를 전혀 하지 않는다.

린 파이어는 요즘 국내에서 유행하는 미니멀 라이프에 맞는 개념이다. 편의점 알바를 하면서 사는 일본 젊은이들은 바리스타 파이어라고 할 수 있을 것이다.

바뀐 파이어의 의미

'경제 독립, 빠른 은퇴'라는 파이어는 굉장히 신선한 아이디어지만 시대가 많이 바뀌고 저금리가 일상화된 상황에서는 기존 파이어 외에도 한 단계 진일보한 파이어의 개념이 필요하다. 미국에서 처음 파이어가 나온 1992년도랑 지금은 상황이 많이 다르기 때문이다. 가장 다른 2가지는 금리 변화와 은퇴 연령이다. 처음 파이어가 대두됐을 당시 미국의 금리 상황을 살펴보자.

∷ 1990~2020년까지 미국 연준 금리 변동 ∷

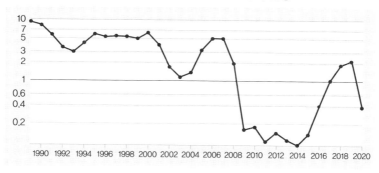

출처: 연방준비제도 이사회

우리나라의 한국은행과 비슷한 역할을 하는 미국의 중앙은행 연방준비제도(Fed, 이하 연준으로 표기)는 미국연방공개시장위원회(FOMC) 회의를 통해 미국의 기준금리를 결정한다. FOMC는 연준이 개최하는 경제정책(통화정책)회의 혹은 경제정책을 논의하고 합의하는 산하 위원회이며, 통화정책과 금리 조정 여부를 결정한다.

위 그래프를 보면, 92년 전후만 해도 연준 금리가 대부분 3~10% 사이로 높음을 알 수 있다. 2000년까지 기준금리가 5% 정도일 때 예금금리는 이보다 더 높기 때문에 충분히 많은 저축을 한다면 저축으로만으로도 은퇴 자금을 충당할 수 있었던 상황이었다.

하지만 2008년대 후반부터는 기준금리 1%를 넘는 경우가 거의 없었다. 세계 경제의 중심인 미국이 저금리 기조를 계속 유지하고 전 세계가 이 기조를 따르면서 은행이자에 의지해서 현재의 생활과 은퇴 이후를 준비할 수 없게 된 것이다.

한국의 상황을 보자. 이번에는 기준금리보다는 일반적으로 바로 이해할 수 있는 예금금리를 통해 비교해보자. 아래는 국내의 예금금리 현황이다. 1997년도부터 장기적으로 하락 추세다.

:: **한국의 예금금리** ::

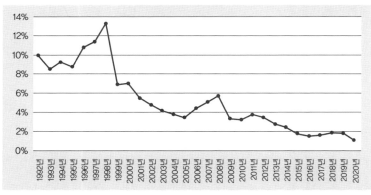

* 1992~1995년은 1년 이상 정기 예금금리(연말), 1996~2005년 상반기는 연중 은행 가중평균 예금금리(저축성수신), 2005년 하반기~2020년은 한국은행 경제통계시스템의 저축성 수신금리
자료 참고: 〈숫자로 보는 광복 60년〉, 한국은행, 2005.

돈 버는 일에 은퇴란 없다

현재는 지속적인 저금리로 저축이 거의 무의미해지고, 전 국민이 모두 투자를 해야 하는 상황으로 내몰린 상태다. 돈 되는 건 무엇이든지 해야 하는 상황이다.

또한 과거 평균 은퇴 시기인 65세 이후 80세까지 약 15년 정도를 기대수명으로 봤다면, 지금은 평균수명이 100세를 넘어 110세 이상으로 치솟고 있다. 평균 은퇴 시기는 이미 50대로 줄어들고 있고, 기대 예상 수명이 110세까지 가게 되면, 태어나서 학교 다니고 직장 다니는 시간보다 더 많은 시간을 소득 없이 지내야 하는 절망적인 상황이 오게 된다. 만약 55세에 은퇴하고 110세까지 산다면 정확히 은퇴하기 직전의 삶인 55년만큼을 마땅한 소득 없이 살아야 한다.

은퇴가 두렵다면 은퇴라는 말은 없는 것으로 생각하면 어떨까? 은퇴의 개념을 삶이 끝나는 날로 변경하는 것이다. 혹자는 소스라치게 놀랄 수도 있지만, 다시 생각해보면 슬프기만 한 일은 아니다. 경제적 여유가 있다면 좋아하는 맛집을 갈 수 있는 시간이 훨씬 많아지고, 여행을 갈 수 있는 시간도 많아지기 때문이다. 은퇴가 없는 대신 이 2가지만 만들어놓으면 만족스럽게 삶을 즐길 수 있다.

첫째, 남이 대신 일을 해서 돈을 버는 구조
둘째, 돈이 돈을 버는 구조

벼락부자, 대박을 좇기보다는 누구나 시작할 수 있는 시스템을 구축하는 것이 필요하다. 생각보다 부자가 많지만 생각보다 부자가 없기도 하다. 다른 사람들이 어떻게 돈 버나 관심을 갖기보다는 자신의 가치관에 맞게 오래 가는 투자처를 만들어놓으면 된다.

생숙은 소득이 확장되는 파이프라인

그렇다면 100세 시대를 넘어 110세 시대를 대비하기 위해 어떤 파이프라인을 가지고 있어야 할까? 먼저 세법에 나와 있는 소득의 분류를 살펴보는 것에서 시작하자.

소득은 크게 종합소득과 퇴직소득, 양도소득으로 분류된다. 퇴직소득과 양도소득은 일시적으로 발생하기 때문에 고려하지 않고, 일반적으로 종합소득만을 고려한다. 일하지 않고도 돈이 돈을 버는 구조로 만들기 위해서는 종합소득 중에서도 이자소득, 배당소득, 사업소득을 돈 버는 파이프라인으로 확보해야 한다.

부동산 임대소득도 사업소득의 한 종류로 분류된다. 왜 그럴까? 부동산 소유자로서 부동산을 관리하는 정신노동을 가치로 인정했기 때문이다. 통계청에서도 토지임대소득만 재산소득에 포함시키고 부동산, 기계장비 임대는 사업소득으로 분류한다. 혹시 어렸을 때 "부동산으로 돈 버는 건 나쁜 거야"라는 말을 들었던 사람이 있다면 안심해도 된다. 나라에서 건물을 활용해 소득을 발생시키는 것을 엄연히 '사업소득'으로 인정하고 있기 때문이다.

위의 소득 중에서 이자소득, 배당소득, 사업소득(부동산 임대소득 포함), 양도소득이 바로 현실적으로 접근 가능한 110세 시대를 대비하기 위해 준비해야 할 소득 종류다. 이 중에서도 저금리인 상황에서 이자소득의 비중을 줄이고 배당소득, 사업소득(부동산 임대소득 포함)을 통해 월급 이외의 수익 파이프라인을 만드는 것이 중요하다고 생각한다.

구분	내용	사례
종합소득	이자소득	은행이자
	배당소득	주식 배당금
	근로소득	급여
	사업소득 (부동산 임대소득 포함)	개인 사업, 프리랜서, 부동산 임대수익 등
	일시적 재산소득	부동산 권리금
	연금	국민연금, 개인연금 등
	기타	강의료, 복권 등
퇴직소득		퇴직금
양도소득		부동산 양도, 주식 양도

각각의 정의를 살펴보면, 배당소득은 직접 업무에는 참여하지 않고 투자만 한 사업체로부터 받은 수입을 의미한다. 사업소득은 개인 사업을 통한 수익 혹은 주택, 건물, 기계장비 등의 자산을 빌려주고 받은 소득 등을 의미한다.

생숙으로 인한 객실 운영 소득은 원칙적으로 사업소득에 포함된다. 그러나 나는 생숙을 배당소득의 영역으로 보았다. 왜냐하면 나도 본업이 있기 때문에 운영의 위임을 맡긴 위탁운영 업체로부터 월 수익금만 꼬박꼬박 챙겨 받는 게 가장 편하기 때문이다. 조금은 부끄러운 말이지만, 나는 바쁘다는 이유로 내가 투자한 생숙에서 단 한 번도 숙박한 적이 없다! 딱 3번 당일치기로 간 적은 있다. 건물이 준공됐을 때, 위탁운영사의 객실 비품이 세팅 완료되었을 때, 여름에 외국인 친구에게 내 생숙 객실을 보여줬을 때였다. 그럼에도 불구하고 매달 8일에 월 배당금을 계좌로 입금 받고 있다. 또한 부동산 임대소득처럼 임대차계약서에 의해 '월세 00원'과 같은 일정 금액이 정해져 있기보다는 수익률을 최대한으로 높일 수 있는 배당소득 형태가 가장 돈을 많이 버는 시스템이라고 생각하기에 생숙 투자를 배당소득 영역으로 간주한다.

이 방식은 본업이 있는 내 상황에서는 매우 합리적인 방식이다. 위탁운영 업체가 운영을 잘해서 예약률을 높게 유지하면 성수기에는 월 수익금이 200만 원이 넘어가니 말이다. 코로나19로 인한 사회적 거리두기 상황만 아니었다면 300만 원 후반대까지도 충분히 벌었을 것이다. 생숙의 앞날이 더욱 기대되는 이유다.

또 다른 월 소득,
생숙으로 임대사업을 준비하라

매월 월세처럼 월수입을 내고 싶은 사람은 수익률에 집중해야
한다. 생숙은 높은 수익률을 보고 투자하는 물건이다. 높은 수익
률을 기대할 수 있다면 자연스럽게 높은 수익금도 기대할 수 있다.

적정 생숙 투자수익은 몇 퍼센트일까

생숙의 적정한 투자수익을 몇 퍼센트로 잡으면 적당할까? 나는
시중은행 세전 이율 기준으로 정기 예금금리의 3배수 또는 4배수
가 적합하다고 생각한다. 단순하게 네이버에 '은행 예금금리'로 검
색했을 때 나오는 정기예금금리 중 최고 금리를 기준으로 3배수를
곱해 예상 투자수익률을 계산한다.

2021년 11월을 기준으로 시중은행의 예금금리를 비교했을 때

가장 높은 금리는 제주은행의 '사이버우대 정기예금'으로 1.8%였다. 그다음이 IBK '성공의 법칙예금'으로 1.66%를 차지했다. 최고 금리인 제주은행의 금리로 계산해보자면 5.4%(1.8%×3배)에서 7.2%(1.8%×4배) 정도의 수익률이 생숙을 통해 얻을 수 있는 예상수익율로 생각해야 한다.

순수 자기자본 기준으로 생숙 투자로 연평균 5.4~7.2%를 벌 수 있을 것이라고 예상될 때 투자할 수 있다. 단순 비교 목적으로는 세전 은행 예금금리(1.8%)와 세전 예상 생숙 투자수익률(5.4~7.2%)을 비교하는 것이 직관적이어서 간편하다. 투자를 결정할 때 절대적인 수익률보다는 다른 투자 대상인 주식, 채권, 부동산 등 상대적인 수익률이 우선시되기 때문이다.

쉬운 예로 주식에서 5%, 채권에서 3%, 부동산에서 10% 연 수익률이 예상될 때 부동산 10%를 선택한다. 현실 세계에서도 자신이 부자인지를 결정하는 건 자신이 정한 기준치보다는 주변 사람에 비해 얼마나 많은 돈과 자산을 갖고 있는지와 같은 '상대적인 비교'로 판단하기 때문이다.

가장 높은 수익, 가능 낮은 리스크의 투자처

생숙 투자로 버는 임대수익을 고려할 때는 객실판매로 벌어들이는 수익만 고려하고, 매매가의 상승은 고려하지 않는다. 일반적으로 생숙을 프리미엄을 받고 매매하려고 구입하지는 않기 때문이다. 다만 지역에 따라 개발 호재가 현실화되는 지역은 프리미엄도 상당히 받을 수 있다.

생숙은 실물자산의 대표적인 부동산 영역에서 가장 높은 수익에 가능 낮은 리스크를 가진 투자 물건이다. 매월 월 소득을 기대할 수 있기 때문에 은행에서 예적금 금리를 바라보는 것보다 훨씬 수익률이 높고, 변동성이 큰 주식시장에 비해 가격 변화가 안정적이어서 심리적으로도 차분하게 투자 가능한 부동산이다. 생숙에 대해 정확히 이해하고 돈을 벌 수 있는 시스템을 이해한다면 누구나 쉽게 참여 가능한 시장이다.

상가보다 생숙 월세 소득이 더 좋다

생숙은 안정적인 월세 소득이 보장된다

우스갯소리로 '상가' 투자 잘못했다가 '상갓집' 된다는 말이 있다. 돈도 잃고, 임차인과의 분쟁, 스트레스로 인한 건강 악화, 가족 간의 불화 등 행복한 임대수익을 꿈꾸며 시작한 상가 투자의 결과가 예상과 다르면 너무나 고통스러운 결과가 뒤따른다.

나는 '생활숙박형' 시설에 투자하면 '상가' 투자가 가진 대부분의 리스크를 혁신적으로 줄일 수 있다고 생각한다. 다음 표는 상가와 생숙의 장단점을 쉽게 비교할 수 있도록 각각의 항목을 세부적으로 분석한 것이다. 아마 다른 곳에서 한눈에 보기는 어려울 것이다. 이 내용을 보면 생활숙박형 시설 투자가 앞으로 떠오르는 투자처가 될 수밖에 없음을 느낄 것이다.

:: 생숙 vs 상가 투자 대비 임대수익 비교 ::

전체	분석 항목	생숙	상가
목적	임대소득	임대소득 목적 (주거용 목적이 아닌 경우)	임대소득 목적
투자 규모	임대소득 용도	최대 2억 원대	최대 50억 원대
수익	소득	객실판매 수익	임대수익
	소득 변화	높음	적음
	분양가 대비 수익률	7% 이상[1]	3.5% 이상[2]
	목표 수익률	상가 수익률 2배 이상 추구	정기예금이자율 2배 이상 추구
일시적 비용	매매 중개수수료	–	부동산 중개수수료 0.9% 이내 상호 협의
	월세 중개수수료	–	부동산 중개수수료 0.9% 이내 상호 협의
	내부 시설비 (인테리어, 객실 집기 비품비, 초도 비용 등)	위탁운영 계약자	임차인
고정비용	위탁운영사	위탁운영사 수수료	–
	건물관리 업체	건물관리비	–
	금융기관 대출	대출이자	대출이자
운영	사용자 관리	위탁운영사가 객실 숙박객 관리	소유자가 직접 임차인 관리
	예약률 / 입주율	0~100% 사이 (연 평균 65% 이상)[3]	0% 또는 100% (연 평균 0% 또는 100%)
	공실률	0~100% 사이 (연 평균 35% 미만)	0% 또는 100% (연 평균 0% 또는 100%)
대출	정부의 대출 규제	원칙: 영향 없음	원칙: 영향 없음
	대출한도	감정가 대비 최대 60%	감정가 대비 최대 80%
	대출상환 방법	이자만 납부(사업자대출)	이자만 납부(사업자대출)

1 객실 수익에서 위탁운영 수수료, 관리비 등 차감금액 기준
2 세입자가 납부하는 임대료 기준이며, 매매차익이 기대되는 서울·수도권의 주요 지역 기준이다.
3 내가 속한 위탁운영 업체의 전체 계약자 평균 예약률 기준이다(2021년 4~12월 기준).

상가보다 투자 자금이 적다

투자 자금이 낮을수록 투자 부담금이 줄어든다. 임대소득 목적의 생숙의 가격은 아무리 비싸봐야 2억 원대 중후반이다(1.5룸인 경우에는 3억 원대가 넘어갈 수는 있지만, 대부분 원룸이므로 원룸을 기준으로 설명하겠다). 투자 금액이 상가에 비해 적다보니, 만약 투자 실패를 하더라도 생계에 크게 위협을 받는 일은 없다. 노력하면 복구할 수 있을뿐더러, 여행·숙박업은 코로나19가 기승을 부림에도 불구하고 잘되는 지역은 몇 주치가 이미 예약이 꽉 차 있을 만큼 호황이다. 돈이 되는 생숙 지역과 돈을 벌어다 주는 위탁운영 업체를 활용하면 꽤 수익을 올릴 수 있다.

조금은 현실적인 얘기를 하면, 누군가 임대수입으로 돈을 한 달에 300만 원 벌면 굉장히 부러워한다. 하지만 한 달에 300만 원 임대수익을 얻는 상가 주인은 그 임대수익을 얻기 위해 세입자와의 분쟁, 임차료 미납, 은행이자 금리 등을 항상 걱정하며 전전긍긍하고 있다. 옆에서 지켜보는 사람 입장에서는 상가 주인의 고민은 안보이고 오로지 한 달 월세 300만 원만 보인다. 직접 임대수익을 받아본 적이 없다면 상가 주인의 마음을 이해할 수 없다. '하이 리스크(High Risk) 하이 리턴(High Return)'이다.

그래서 투자 금액은 리스크 크기와 비례한다고 할 수 있다. 1억 원을 투자하려고 한다는 것은 1억 원에 해당하는 리스크를 감내하겠다고 결정했다는 의미다. 10억 원을 투자하려는 사람이 있다면 10억 원만큼의 리스크를 감내하겠다는 투자자다.

그런데 같은 10억 원이라도 1억 원 투자를 10개의 수익성 부동산(생숙)에 투자하는 것과, 10억 원을 1개의 수익성 부동산(상가)에 투자하는 것은 리스크 측면에서 보면 큰 차이가 난다. 투자업계에서는 '달걀을 한 바구니에 담지 말라' 라는 격언이 있다. 생숙은 총 투자 금액이 많아야 2억 원대다. 1억 원 전후의 금액을 가진 생숙도 많다. 그래서 사회 초년생부터 은퇴자까지 상대적으로 적은 위험부담을 갖고 투자할 수 있다.

수익률이 높다

만약 월세 100만 원(A안)과 월세 300만 원(B안)을 받을 수 있다면 어디에 투자할 것인가? 앞의 월세를 얻기 위한 투자 금액을 고려하지 않는다면 B안에 투자해야 한다. 하지만 A안의 연 수익률이 10%이고, B안의 연 수익률이 3%라면 이야기가 다르다. 투자 금액과 상관없이 모든 투자자들은 A안을 선택할 것이다. 해당 수익률을 얻기 위해 A안에서는 1억 2,000만 원(100만 원×12개월/10%)의 투자 자금이 필요하고, B안에서는 12억 원(300만 원×12개월/3%)이 필요하기 때문이다. 만약 12억 원으로 A안과 동일한 부동산 물건 10개에 투자했다면 월 1,000만 원(12억 원×10%/12개월)을 벌 수 있다. 기존 3%대의 투자수익인 월 300만 원에서, 10%대의 투자수익인 월 1,000만 원으로 껑충 뛰게 된다.

생숙의 핵심 키워드는 수익률이다. 생활숙박형 시설은 은행 예금이자의 3~4배, 상가 수익률의 2배 이상을 추구하는 투자자들의 니즈를 만족시키는 상품이다. 초창기에는 많은 우여곡절이 있었지만, 전문화된 위탁운영 업체와 여행·숙박업계의 급성장으로 엄청난 수익을 줄 수 있는 부동산 물건으로 자리매김하고 있다.

위의 사례에 적용해 생숙에 투자할 경우 수익성에 대해 알아보자. 앞의 표 내용처럼 생숙의 수익률 7%, 상가의 수익률 3.5%를 적용해보자. 상가 투자에서 현재 3.5%의 수익률을 받기 위해서는 6억 원 정도가 필요하다. 이 경우 매월 175만 원(6억 원×3.5%/12개월)의 임대수익이 발생한다. 반면 6억 원을 생숙에 투자하면 1억 5,000만 원 생숙 4객실을 살 수 있다. 7%의 수익률을 적용하면 매월 350만 원(1억 5,000만 원×7%/12개월×4객실)의 수익을 얻을 수 있다.

단순계산을 위해 여러 부대 비용 등을 고려하지 않았지만, 누구나 논리적으로 생각하면 동의한다. 달걀을 한 바구니에 담지 말라! 분산투자를 하는 투자업계의 원칙에도 맞을 뿐만 아니라, 높은 수익률을 얻을 수 있다.

공실률 리스크가 적다

상가 투자는 점수로 표시하면 0점 아니면 100점으로 표현할 수 있다. 한번 0점을 맞으면, 그다음에 100점 맞기가 굉장히 힘들다. 이게 무슨 말인가 하면, 상가는 세입자 1명만 바라보는 '세입자 바라기' 투자 유형이다. 만약 세입자를 못 구한다면 공실이 발생하고 세입자를 구한다면 곧바로 공실이 없어진다.

상가 투자에서 성공한 사람과 실패한 사람이 구분되는 이유다. 모 아니면 도, 합격 아니면 불합격, 당선 아니면 탈락 등 결과가 극단적이다. 0%와 100%인 평균 50%는 상가 투자에서 존재하지 않는다. 오로지 0%와 100%만 있을 뿐이다. 투자자가 모든 걸 걸고 투자하기에 굉장히 전문적인 지식과 전망을 갖지 않으면 구조적으로 성공하기 힘들다.

하지만 생숙에는 공실 개념이 없다. 100% 예약인 만실을 채울 가능성이 있는 달이 여름 성수기 2달 정도밖에 없지만, 대신 꾸준한 예약을 받아서 평균 예약률을 65% 이상 올릴 수도 있다.

위탁운영 업체가 나를 대신해서 일한다

상가 투자를 하면 월세가 생각처럼 정해진 날에 꼬박꼬박 나오지 않는다. 보통 월세가 며칠 밀리면, 그 이후에도 계속 밀리게 된다. 그러다가 한 달 이상 밀려서 월세를 내는 상황도 발생한다. 상가 운영에서 가장 어려운 지점이다. 서울시에서 발간한 상가임대차 분쟁 사례에서 가장 많은 분쟁이 발생하는 부분도 월세 관련 분쟁이다. 임차인과의 감정 섞인 다툼, 법적인 분쟁이 올 수도 있고, 대출을 받아 상가를 산 투자자의 경우 월세는 제때 못 받아도 은행 이자는 매월 꼬박꼬박 납부해야 하기 때문에 자금 압박이 굉장히 심하다.

생숙 투자에서는 이 같은 문제가 전혀 발생하지 않는다. 상가처럼 임차인 1명에게 모든 임대수익을 의존하는 것이 아니라 매일매일 불특정 다수를 대상으로 하기 때문이다. 상가는 위탁해서 운영해주는 업체가 존재하지 않는다. 그러나 생숙은 위탁운영 업체가 운영 전반에 대한 일을 모두 맡아 한다. 숙박객과의 분쟁도 위탁운영 업체 전문 집단이 처리하기에 내가 품을 들일 필요도 없다.

마음 편히 운영 가능하다

운영·관리상에 오는 어려운 점을 위탁운영 업체가 해결하기 때문에 생숙 투자자의 경우는 마음이 여유롭다. 또한 매달 임대수익이외에 비정기적으로 발생하는 임차임 간의 갈등은 아예 하지 않아도 된다. 왜냐하면 생숙에서는 상가에 있는 권리금, 보증금 인상, 월세 인상, 재계약 분쟁에 관한 고민을 전혀 하지 않아도 되기 때문이다. 객실 숙박객, 연박 및 재계약 분쟁이 발생할 때도 위탁운영 업체가 해결한다.

생숙 투자에서 객실 수익이 잘 나온다면, 그 객실은 매매가에서 프리미엄이 추가가 된다. 오로지 생숙 투자자에게 귀속이 되는 것이지, 위탁운영 업체가 관여할 사항은 전혀 없다. 위탁운영 업체가 만약 자신들이 예약률을 높여서 수익을 많이 가진 거라고 주장할 수 있지만, 이미 위탁운영 수수료를 납부하기 때문에 프리미엄에 있어서 권리는 주장하지 못할뿐더러 실무적으로 이런 사례도 없

:: 생숙 vs 상가 운영 주체 비교 ::

전체	세부	생숙	상가
운영	공실 발생시 해결 주체	위탁운영사	소유자가 직접
	마케팅, 광고비	위탁운영사	부동산 중개인
	소모품 관리	위탁운영사	–
숙박객/임차인	소통	위탁운영사	소유자가 직접
	불만 및 분쟁시	위탁운영사	소유자가 직접
	연락두절 대응	위탁운영사	소유자가 직접
	객실료 및 임차료 수금	위탁운영사	소유자가 직접
	객실료 및 임차료 미납시 대응	위탁운영사	소유자가 직접
	객실 숙박객/상가 임대차, 예약 및 계약일정 종료 후 반환 거부시 해결 주체 (명도 문제)	위탁운영사	소유자가 직접
관리	객실/상가 시설 상태 점검	위탁운영사	소유자가 직접
	객실/상가 시설물 관리	위탁운영사	임차인
	객실/상가 시설물 관련 분쟁 시 해결 주체	위탁운영사	소유자가 직접

다. 오히려 위탁운영 업체는 자신들이 예약률을 높여서 객실판매를 많이 했으니, 위탁운영 계약을 계속 연장해달라고 읍소하게 된다. 왜냐하면 예약률이 높아야 자신들에게 돌아가는 수익도 크기 때문이다. 비즈니스적으로는 생숙 투자자와 위탁운영 업체는 한마음 한뜻이 된다.

　숙박객 연박의 경우를 보면, 추가로 더 연박을 요청하는 경우 감사한 마음으로 추가로 숙박료를 받고 연박을 해드리면 된다. 만약 내 객실이 이미 다음날 예약되어 있다면, 다른 계약자의 객실에 숙박을 할 수 있게 위탁운영 업체가 관리한다. 나중에라도 다른 객실의 예약이 다 차 있으면, 내 객실에 숙박객이 대신 묵을 수도 있는 것이다. 이런 부분은 서로 상부상조하게 된다.

양도차익 1억 원 기준, 48.23% 세금 절감

상가는 양도차익이 커질수록 납부하는 세금에 비해 절감되는 비율이 훨씬 커진다. 분석을 해보자. 실제 세금계산을 통해 상가에 비해 상대적으로 양도소득세를 절감할 수 있는 방법을 설명하려고 한다. 양도소득세를 계산하는 방법을 알아야 이해할 수 있다. 어렵다고 느끼는 분들은 생숙 투자 시 세금을 절감 가능하다는 사실만 알고 있어도 무방하다.

생숙에 투자하면 상가에 투자하는 것 대비 양도세를 최대 39% 절감할 수 있다는 건 놀라운 사실이다. 이것을 이해하기 위해 세율 계산하는 방법을 먼저 설명해야 한다. 우리나라는 다단계 누진세 구조다. 일정한 소득구간이 세법으로 정해져 있고, 그 금액구간을 넘어설 때부터 조금씩 세금을 올려 받는 것을 말한다. 사례를 통해 이해해보자.

3억 원으로는 상가 1개를 간신히 살 수 있지만, 1억 5,000만 원 생숙을 2개 정도 살 수 있다. 만약 상가가 1억 원 정도 시세가 올랐다고 하자. 마찬가지로 생숙 A가 5,000만 원, B도 5,000만 원 정도 올랐을

:: 생숙 / 상가 양도소득세율 ::

2021년 기준

보유기간	과세표준	세율	누진 공제
1년 미만		50%[1]	
1~2년		40%[1]	
2년 이상	1,200만 원 이하	6%	-
	4,600만 원 이하	15%	108만 원
	8,800만 원 이하	24%	522만 원
	1억 5,000만 원 이하	35%	1,490만 원
	3억 원 이하	38%	1,940만 원
	5억 원 이하	40%	2,540만 원
	10억 원 이하	42%	3,540만 원
	10억 원 초과	45%	6,540만 원
장기보유 특별공제 : 15년 이상 보유	최대 30%		

1 2 이상의 세율에 해당하는 때에는 각각의 산출세액 중 큰 것(예: 기본세율+10%p와 40 or 50% 경합시 큰 세액 적용)

출처: 국세청

때 총 1억 원이다. 하지만 생숙 A를 올해 2억 원(1억 5,000만 원+5,000만 원)에 팔고, 나머지 생숙 B를 내년에 2억 원(1억 5,000만 원+5,000만 원)에 판다면, 당연히 생숙 A의 양도세를 계산할 때는 5,000만 원을 기준으로 세금 계산을 하고, 생숙 B는 그 다음 해 팔았을 때의 양도소득세 계산을 하게 된다. 같은 금액이라도 양도 기간을 달리하면 세금을 줄일 수 있다. 나누어서 생숙을 샀기 때문에 가능하다.

만약 상가를 올해 4억 원에 팔았다면, 3억 원에서 1억 원이 오른 프리미엄에 대해 양도세가 계산된다. 우리나라 세법에서는 금액이 커지면 커질수록 세금도 많이 내는 구조이기 때문에 생숙 A,

B로 5,000만 원의 양도차익을 2번으로 나누어 팔았을 때보다 나누지 않고 1억 원의 양도차익으로 팔았을 때 높은 양도세율이 적용된다.

임대소득을 꾸준히 받으면서 오랫동안 갖고 있다면, 장기보유 특별공제를 최대 30%까지 받을 수 있다. 전에는 10년을 보유하면 최대 30% 장기보유 특별공제를 해주었지만, 최근에는 15년 보유 기준으로 늘어났다.

임대소득이 꾸준히 잘 나오고 입지가 좋은 생숙이라면 오랫동안 보유함으로써 양도세도 줄일 수 있다. 입지가 좋지 않은 생숙은 5년 이내에 매도하는 것이 좋고, 입지가 좋은 생숙은 10년 이상 오래 갖고 있어도 좋다.

미래의 숙박 형태, 생숙

1인·2인 가구와 생숙 숙박 수요는 비례한다?

사회가 개인화되고 가족의 단위가 1~2인 위주로 재편되고 있다. 앞으로 이들을 대상으로 한 상품과 서비스가 다양해질 것이다. 정부 통계자료도 이를 뒷받침하고 있다.

통계청이 발표한 '2020년 인구주택총조사'에 따르면 2020년 11월 1일 기준 1인 가구는 664만 3,000가구로 조사됐다. 전체 가구 (20,927,000가구) 중 31.7%가 1인 가구였다. 2인 가구는 586만 5,000가구로, 전체 가구 대비 2인 가구 비중은 28.0%였다. 1인·2인 가구 비중이 전체의 59.7%인 것이다.

하지만 현재 1인·2인 가구 비중의 폭증 추세를 봤을 때 앞으로 계속 증가할 것으로 보인다. 2000년 24.6%에서 2005년 42.2%, 2010년 48.2%, 2015년 53.3%로 높아졌고, 지금은 약 60%에 이르

:: 2020년 가구 구성비율 ::

2020년 11월 1일 기준

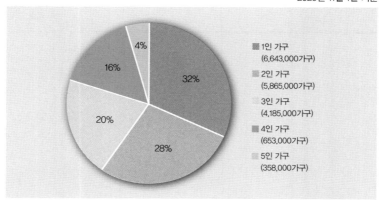

1인 가구
(6,643,000가구)

2인 가구
(5,865,000가구)

3인 가구
(4,185,000가구)

4인 가구
(653,000가구)

5인 가구
(358,000가구)

출처: 2020년 인구주택총조사 데이터

:: 전체 가구 중 1인·2인 가구 비중 추이 ::

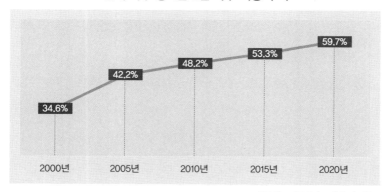

자료 참고: 국가지표체계 가구원수

고 있다.

2000년까지만 해도 4인 가구가 큰 비중을 차지했다. 4인 가구의 비중은 2000년에 31.1%였다. 이후 2005년부터 1인·2인 가구가 증가하면서 4인 가구의 비중은 큰 폭으로 감소했다. 2000년만 하더라도 4인 가족 중심의 경제가 2005년부터 1인·2인 가구 중심으로 변하고 있었던 것이다. 2022년이 시작된 지금, 1인·2인 가구는 경제의 중심축이 되고 있다.

1인·2인 가구의 증가는 이미 각종 경제지표에서 유의미한 신호를 주고 있다. 가장 눈여겨봐야 할 산업통산자원부의 유통업 매출 동향 집계에 따르면, 2021년 6월에 편의점 3사 매출비율은 17.3%로 대형마트 3사의 15.1%를 넘어섰다. 2021년을 기점으로 1인·2인 가구 중심의 경제로 옮겨가고 있는 것이다.

2022년 이후부터는 1인·2인 가구 중심의 상품, 서비스 등이 지금보다 더 호황을 이룰 것이다. 여행, 워라밸을 중시하는 1인·2인 가구로 인해 숙박업계의 전망은 앞으로도 밝을 것이다.

생숙, 살(buy) 수는 있어도 살(live) 수는 없다?

앞서 언급했지만 생숙을 살 때 반드시 명심해야 할 것은 '주거용'으로 이용할 수 없는 시설이라는 점이다. 혹자는 주거용(live)으로도 이용할 수 있다고 주장하기도 하지만, 현재 생숙은 원칙적으로는 주민등록상의 주소지로 등록할 수 없다. 물론 주소지를 부모님 집에 두고 장기투숙을 하면서 주거용으로 활용하는 편법을 쓰는 사람도 있다. 민법상으로는 행정기관에 신고해 전입신고(주민등록증 주소지 등록)가 가능하지만, 이 경우 세법에서는 생숙을 주택으로 간주한다. 그렇게 되면 건물 준공 시까지 환급받았던 부가가치세를 다시 국세청에 반납해야 한다. 그래서 일반적으로는 생숙에 전입신고가 안 된다고 말하기도 한다. 생숙 소유자 입장에서는 임차인(또는 장기 투숙객)에게 절대로 전입신고를 허락해주지 않기 때문이다.

그렇다면 평생 사는(live) 공간이라는 건 불가능한 건가? 여기에 대해서는 확답을 줄 수 없다. 왜냐하면 정책 상황에 따라 바뀔 수 있기 때문이다. 예를 들면 오피스텔은 건축법상의 적용을 받는다. 이 말은 오피스텔의 출발은 주거 공간이 아니라 사무·상업용 공간이었다는 의미다. 하지만 주거 문제가 갈수록 심화되자 법에서 주거를 가능하게 허용해주었다. 그래서 '주거용 오피스텔'이라는 말이 나오게 되었다. 법적으로 허용해주었다는 말은 법적으로 '주소지가 이전(전입신고)된다'는 말과 같다. 비록 건축법에 적용받는 건물이지만, 주거 공간으로 인정받게 되었다는 의미다.

예전에도 그랬지만 지금도 주소지를 이전(전입신고)하지 않더라도 (사무용) 오피스텔에서 주거할 수는 있다. 다만 주소지를 이전하지 않으면 법이나 시·군 구청에서는 해당 오피스텔에 주거한다고 인정하지 않는다. 만약 서울에 있는 (사무용) 오피스텔에서 살지만 주소지는 부모님이 사는 부산에 둔다면 실제 거주하는 용도로 쓸 수 있게 된다. 실제 주거지와 주민등록상 주거지가 다를 뿐 오피스텔을 주거용으로 쓸 수는 있다는 이야기다(비록 행정상에 따른 불편함은 불가피할 것이다). 생숙은 이러한 개념을 좀 더 확대한 시설이다. 건축법의 적용을 받지만 주거 공간으로도 사용이 가능한 데다 단기 임대료도 받을 수 있는 시설물이기 때문이다.

현재 아파트 가격을 100% 정도라고 한다면 주거용 오피스텔의 가격은 80% 정도로 본다. 지역에 따라서 입지, 개발 호재가 매우 좋은 경우에는 주거용 오피스텔 가격이 아파트 가격과 비슷하거나 높을 수도 있다. 생숙의 가격대는 주소지 이전이 가능하다면 주거용 오피스텔 가치인 80%에 수렴할 수 있다. 변화하는 사회 환경에 따라 생숙에서도 큰 매도차익을 기대할 가능성이 굉장히 높아진 것이다. 특히 수도권 생숙의 경우 분양가 대비 폭등한 가격에 거래될 수 있다. 이 현상은 투자자들이 생숙을 주거지로 판단하는 경우에 발생한다.

합법적인 주거 공간이 될 가능성도 존재한다

2019년부터 급등한 집값은 2021년 가을까지도 그 상승세가 쉽게 꺾이지 않았다. 이런 부동산 급등 시기, 주거비용이 대폭 증가하는 시기에는 특히 정책이 변화할 가능성이 큰 시점이다.

그간 국토교통부는 적법한 용도변경 없이 생숙을 주거용 건축물로 사용하는 것을 방지하기 위해 불법전용 방지 대안을 마련

해왔다. 그러나 2021년 10월 14일 국토교통부는 보도자료에서 2023년 10월 14일까지 생활숙박시설 건축물 용도를 오피스텔로 변경하는 경우 '오피스텔 건축기준' 일부를 완화해 적용한다는 오피스텔 건축기준 일부 개정안을 공지했다. 이 개정안에는 2023년 10월 14일까지 기존에 사용 승인된(2023년 10월 14일 이전 분양공고를 한 생숙 포함) 생활숙박시설의 용도를 오피스텔로 변경하는 경우 꼭 준수해야 할 건축기준이었던 '발코니 설치 금지, 전용출입구 설치, 바닥난방 설치 제한' 등의 규정을 적용하지 않는다는 내용이 담겨 있다.

이 변화된 법규는 앞으로 생숙 시장에 큰 파란을 일으킬 것이다. 왜냐하면 월수익 목적의 생숙에 매도차익(시세차익)도 가능할 수 있다는 시그널을 주었기 때문이다. 그렇다면 앞으로 같은 면적을 기준으로 아파트, 주거용 오피스텔(아파텔), 생숙(주거용 오피스텔 용도변경 가능 또는 주소지 이전 가능) 순으로 가격 계층이 형성될 수 있다. 아파트 시세를 100%라고 치면, 주거용 오피스텔은 70~90%, 생숙(주거용 오피스텔로 용도변경 가능 또는 주소지 이전 가능)은 50~80% 수준에서 형성하게 될 것이다.

그러나 정책이 바뀌면 생숙도 언젠가는 주거용 오피스텔(아파텔) 처럼 전입신고를 할 수 있는 세대와 본래의 목적인 숙박 공간으로서의 2가지 역할을 할 가능성도 있다고 본다. 지금처럼 집값이 천정부지로 오르고, 양질의 아파트가 공급되지 않는 이상 어쩔 수 없이 생숙 건물에 주거용 기능도 부여할 수밖에 없다. 앞으로 정책이 어떻게 변할지 기대된다. 생숙도 법적 주거용(전입신고)으로 쓸 수 있다. 만일 생숙으로 전입신고가 가능해지면, 생숙은 기존 아파트, 주거용 오피스텔과 더불어 새로운 형태의 주거 공간이 될 수 있다.

그러나 생숙은 현재 임대소득을 목적으로 하는 투자 물건이므로 생숙의 가치는 임대소득에 따라 가격 형성이 탄력적으로 움직일 것이다. 한 달에 50만 원의 순익이 발생하는 생숙의 가격이 1억 원이라면, 한 달에 100만 원의 순익이 발생하는 생숙은 매매가 2억 원이 된다. 임대소득이라는 주 목적을 가진 생숙은 상가, 건물 투자와 비슷하다. 따라서 생숙의 가치를 올리기 위해서는 생숙으로 벌어들이는 임대수익을 올리는 일이 필수다.

주거 목적 투자용이면 주차시설을 확인하라

앞으로 생숙의 가치는 매우 높아질 것이다. 특히 수도권의 생숙은 현재 개정되는 법과 제도를 살펴볼 때 주거형 오피스텔과 비슷하게 간주되어 가치를 인정받을 수 있다. 가격이 매우 높아질 가능성이 크다는 의미다. 하지만 부족한 주차면적으로 인해 분양 후에 실거주하는 입주민 사이에 주차와 관련된 불만, 분쟁이 발생할 가능성이 상당히 크다. 이 부분은 자연스럽게 매매가에도 반영이 된다.

만일 생숙을 주거용으로 생각하고 투자한다면, 반드시 생숙의 주차시설에 대해서도 알아봐야 한다. 생숙의 주차시설은 오피스텔 기준으로 1/3 정도밖에 안 되며, 생숙의 법정 주차대수는 지역별로 다르다. 정확한 확인을 위해서는 국가법령정보센터(www.law.go.kr)에 접속해 법령 메뉴의 '현행법령'으로 들어가, '자치법규(조례·규칙)' 항목에서 '주차장 설치 및 관리 조례'를 입력하면 된다. 그러면 각 자치단체가 순서대로 뜨는데 이때 해당 지역의 조례로 들어가면 된다. 해당 지역에서 왼쪽 법규명의 별표·서식 항목으로 들어가 '부설주차장의 설치대상 시설물 종류 및 설치기준' 항목을 보면 바로 확인이 가능하다.

서울의 경우 제1종 근린생활시설(제3호 바목 및 사목을 제외한다), 제2종 근린생활시설, 숙박시설은 시설면적 134m²당 1대다. 업무시설 중 오피스텔의 경우 주차대수가 세대당 1대에 미달되는 경우에는 세대당(오피스텔에서 호실별로 구분되는 경우에는 호실당) 1대 이상으로 하되, 전용면적이 30m² 이하인 경우에는 0.5대, 60m² 이하인 경우에는 0.8대로 한다.

주택건설기준 등에 관한 규정 제27조에 따르면, 주택단지에는

:: **부설주차장의 설치대상시설물종류 및 설치기준(제20조 제1항 관련)** ::

2021. 7. 20. 개정

주택의 규모별 (전용면적: m²)	주차장 설치 기준(대/제곱미터)			
	특별시	광역시 및 수도권 내의 시 지역	시 지역 및 수도권 내의 군 지역	기타 지역
85m² 이하	1/75	1/85	1/95	1/110
85m² 초과	1/65	1/70	1/75	1/85

주택의 전용면적의 합계를 기준으로 해 다음 표에서 정하는 면적당 대수의 비율로 한정한 주차대수 이상의 주차장을 설치하되, 세대당 주차대수가 1대(1세대당 전용면적이 60m² 이하인 경우에는 0.7대) 이상이 되도록 해야 한다.

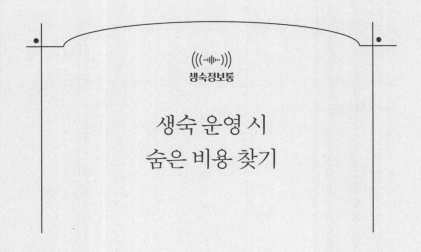

생숙 운영 시
숨은 비용 찾기

생숙 운영을 위해 객실을 처음 세팅할 때 필요한 객실 집기, 공동 비품 등 운영하면서 사용되는 소모품은 모두 공짜가 아니다. 침구류, TV, 커피포트 등은 처음에 한 번만 돈이 나가지만, 숙박객이 객실에 지내면서 사용하는 칫솔, 어메니티(샴푸, 비누 등), 수건 등은 소모성 물건이라 매년 비용이 발생한다.

객실 집기와 소모품 비용은 위탁운영 업체마다 편차가 크다. 객실 집기의 경우 초기 세팅하는 데 400만~1,000만 원대 정도 든다. 소모품 비용은 매달 객실의 계약자에게 걷기보다는 6개월~1년 단위로 청구하는데, 1년간 필요한 소모품 비용은 100만 원대에서 200만 원대로 추정한다. 객실 수익에서 우선적으로 차감하는 경우에는 계약자에게 따로 청구하지는 않는다. 편차가 큰 이유는 위탁운영 업체에서 객실 집기, 비품, 소모품에 대한 마진을 몇 퍼센트로 하는지 따라 달라지기 때문이다. 각 품목마다 마진을 0~150%까지 붙인다.

여기에 대해서는 명확히 정해진 기준이 없어서 위탁운영 업체의 영업방침을 따르는 경우가 대부분인데, 과하다는 생각이 들면 계약자들끼리 모여서 비용금액을 제안할 수 있다. 극단적인 경우 제품 원가로 위탁운영 업체에 가격을 맞춰달라고 주장하는 분들도 있지만, 업체 입장에서도 그렇게는 진행할 수는 없을 것이다. 위탁운영 업체 입장에서는 배송해줄 뿐만 아니라 세팅까지 다 해준다. 인건비가 많이 지출되기 때문에, 무작정 원가에 비품 가격을 맞추라고 할 수는 없는 노릇이다.

적당한 선에서 위탁운영 업체의 마진을 인정해야 서로 상생할 수 있다. 다행히 투자수익을 올리는 데 많은 비율을 차지하는 것은 예약률, 객실 가격, 청소/세탁이다. 이 3개 항목만 확실히 하면 객실 수익금은 높게 나온다. 한 푼이라도 아끼려는 계약자의 입장도 충분히 이해하지만 서로 상생하기 위해서는 서로 적절히 양보하는 것이 좋다.

간혹 이름만 바꾸어서 초기 세팅비가 저렴하다고 광고하는 업체가 있는데, 이 경우 그 비용만큼 소모품 비용을 상대적으로 비싸게 책정하므로 꼼꼼히 살펴봐야 한다. 투자자 입장에서는 용어상으로 구분하기보다는 초기 세팅비, 매년 발생하는 소모품 이용처럼 2개의 시점 기준으로 나누어서 정보를 파악하면 효과적으로 분석이 가능하다.

2장

무조건
수익 내는
생숙 투자
따라 하기

많은 돈보다
빠른 돈을 추구하라

much와 fast의 차이

우리가 수익형 부동산에 투자하는 이유는 당연히 돈을 벌기 위해서다. 그런데 투자수익을 거두는 일에서도 돈의 종류는 구별된다. 나는 이 차이를 '많은 돈(much money)'과 '빠른 돈(fast money)'의 차이로 나눈다. 이 둘은 어떤 차이가 있을까?

나는 많은 돈을 양도차익이라고 생각하고 빠른 돈을 월 임대수익이라고 정의한다. 만일 총액이 같다 하더라도 시세차익이 날 때까지 기다렸다가 한꺼번에 목돈을 버는 일이 양도차익이라면, 물건을 팔기 전까지 꾸준히 매월 돈을 벌어다주는 임대수익은 빠른 돈이라 할 수 있다.

나는 생숙 투자에서만큼은 많은 돈보다는 빠른 돈을 추구하는게 맞다고 생각한다. 수도권에 자리한 생숙이 아니고서는 큰 양도차익을 기대하기가 현실적으로 쉽지 않기 때문이다. 1장에서 언급했듯이, 앞으로 지속적으로 교통이 발달하고 개발 호재가 예정된 지역이라면 생숙이라도 양도차익을 기대할 수 있지만, 주된 투자 목적으로는 생각하지 않는 게 좋다. 수익으로 현실화되는 속도가 느리기 때문이다. 생숙의 주된 투자 목적은 어디까지나 매월 현금이 끊임없이 나오는 수익형 부동산이라고 생각해야 한다. 그리고 이를 위해 적절한 시스템을 구축하는 게 주된 목적이 되어야 한다. 월급과 같이 매월 현금이 나오는 현금흐름을 만들기 위해 생숙에 투자한다는 사실을 항상 숙지해야 한다.

매달 '따박따박'을 선호하는 이유

그렇다면 왜 매월(또는 매분기) 현금흐름이 나오는 생숙 투자가 가장 이상적일까? 간단한 사례로 생각해보자. 총금액 4억 8,000만 원을 20년 뒤에 4억 8,000만 원을 받는 것과 매월 200만 원씩 20년간 받는 것 중에 어떤 것을 선호하는가? 화폐의 시간 가치를 고려하지 않더라도 내가 살아 있을지도 모르는 20년 뒤보다는 매월 200만 원씩 받는 것을 선호할 것이다. 이는 대부분의 은퇴자들이 상가를 매각해 바로 현금으로 바꾸지 않는 이치와 같다. 이들은 목돈 대신 매달 꼬박꼬박 들어오는 월세 수입을 더 원하는 것이다.

많은 이들이 목돈보다 매달 정기적으로 들어오는 돈을 선택하는 근본적인 원인은 '불안감'에 있다. 사람들은 수중에 아무리 많은 현금을 갖고 있어도, 미래에 소득이 언젠가는 끊긴다는 사실에 굉장히 불안감을 느낀다. 게다가 언제부터 '100세 시대'니 은퇴 후 '40년'이라느니 하는 언론 매체의 기사들이 이런 사람들의 불안 심리에 불을 지폈다. 그러다 지금은 110세까지 보장이 가능한 보험 상품이 이미 나와 있고, 2022년에는 120세를 대상으로 하는 상품이 나올 수도 있다.

생숙에서 나오는 수입은 직장인에게는 월급 외로 받는 보너스처럼 기분 좋은 소득이 되고, 은퇴자에게는 안정적으로 현금이 나오는 화수분 같은 존재가 되어준다. 이는 생숙에 투자해야 할 매우 합당한 명분이 된다.

빠른 돈에 대한 수요가 폭증하다

생숙은 빠른 돈을 원하는 수요층들에게 최적화되어 있다. 온라인 금융 발달로 돈 자체의 속도도 빨라졌다. 카카오뱅크로 몇 단계만 거치면 1분 내에 이체도 가능하다. 예전에는 투자를 하고 진득하게 십수 년을 기다렸다가 매도 시의 양도차익에만 투자의 초점이 맞추어졌다면, 이제는 매달 월 소득을 받는 것을 선호하는 투자자의 비율이 높아지고 있다.

은퇴 준비를 가장 걱정을 하는 사람은 누구일까? 바로 코앞에서 은퇴를 앞둔 50대, 60대다. 지금은 은퇴 시기가 빨라져서 40대 중후반까지 은퇴를 걱정하고 있다. 그래서 나는 40대부터 60대까지를 은퇴에 가장 목마른 연령대라고 판단한다. 일반적으로 20~30대에 비해 자산 축적이 많이 된 이 연령대에서는 더 이상 노동력으로 은퇴 소득을 대비하지 않는다. 이들 세대는 '투자'라는 키워드를 바탕으로 돈을 움직이는 세대다.

과거에는 은퇴 세대를 위해 '빠른 돈'이 유행이었다. 월세 받는 상가 투자, 빌딩 투자가 큰 인기가 있었다. 근래에 들어서는 취업을 하는 순간 은퇴 이후 자신의 모습을 생각하는 사람들이 많아졌다. 엄청난 경쟁률을 뚫고 대기업에 들어가도 몇 달이 지나면 부족한 월급과 얼마나 직장생활을 할 수 있을까에 대해 고민하는 경우가 많다. 심지어 이런 고민이 사치로 느껴질 정도로, 50대 이후 은퇴를 걱정하기 전에 이미 집, 생활비, 결혼 준비, 육아 교육비 등 돈이 소모되어 자산이 바닥 날 이벤트는 참 많다. 이것이 사회에 첫발을 내디딘 젊은 세대가 경제와 금융 지식으로 무장하고 투자에 일찌감치 뛰어드는 이유다.

안정적인 부동산투자 트렌드, 생숙

다양한 투자 상품이 있지만, 나는 부동산이 인류 역사상 가장 검증받은 자산이라고 생각한다. 부동산은 영어로 realty, real estate, real property 등으로 불린다. 모두 '진정한 자산'이라는 의미다. 생숙은 부동산에서 투자금 대비 고수익을 줄 수 있는 안정적인 물건이다. 초기 투자금이 적지만, 고수익률을 줄 수 있는 마지막 부동산투자 물건이자, 임대수익을 올릴 수 있는 부동산투자의 시작점이라고 생각한다.

금융에도 밝은 젊은 세대는 생숙으로 매월(또는 분기별) 안정적인 현금흐름을 만들어서 4% 이상의 고배당 주식에 투자해서 주식 배당금까지 번다. 생숙 수익금으로 주식 투자도 병행하는 셈이다. 또는 대출로 매도차익이 기대되는 자산에 투자하고 이자비용을 생숙의 현금흐름으로 충당하기도 한다. 안정적인 현금흐름만 확보되면 투자할 수 있는 분야는 굉장히 넓다.

30대, 40대, 50대, 60대들은 하나의 자산에 배분하지 않고 골고루 자산 포트폴리오를 구성하고 있다. 고수익과 안정적인 부동산 투자상품을 선호하는 이들의 뭉칫돈이 생숙으로 움직이고 있다. 그동안 과장 광고와 실패 사례로 도배되었던 생숙 시장이 최첨단 비즈니스 운영기법을 사용하는 위탁운영 업체가 속속 들어오면서 인식이 완전히 바뀌는 지점에 서 있다. 그리고 앞으로 여행과 휴식이라는 키워드는 오래도록 지속될 것이기 때문에 생숙 투자를 통한 투자 포트폴리오 구성은 큰 유행이 될 것이다.

무조건 높은
임대수익률을 노려라

수익형도 세월 가면 오른다

부동산(不動産)은 말 그대로 움직이지 않는 자산이다. 따라서 시기의 문제일 뿐 세월이 지나면 언젠가는 오르게 되어 있다. 교통망이 좋아지고 호재가 집중되는 위치에 있는 생숙의 경우는 상승하는 속도가 더욱 가파를 것이다. 만약 생숙으로 발생하는 임대소득이 꾸준하다면 환금성 면에서도 매우 좋다. 양도하기가 그만큼 수월하기 때문이다.

위탁운영 업체에 따라 수익금을 정산해주는 기간은 다르다. 대부분은 분기별이지만, 월별로 객실 수익금을 정산해주는 업체도 있다. 나는 생숙을 빠른 돈을 확보하는 투자 수단이라고 생각해서, 매월 월급처럼 수입금을 정산해주는 위탁운영 업체를 선택했다.

임대소득을 꾸준히 높게 낼 수 있다는 건 생숙의 매도 가격도 꾸준히 오른다는 의미다. 쌓이는 수익 금액과 거래 내역들은 매도자에게 주는 가장 강력한 신뢰감으로 작용한다. 내가 구입해 운영하고 있는 생숙의 경우, 주변 사람들에게 월 수익을 말해주면 다들 그게 정말 가능한 액수냐고 반문하며 깜짝 놀란다. 잘 키우고 가꾼 생숙은 보물이다. 웃돈을 주고서라도 수익금이 확실한, 검증받은 생숙을 사려는 사람들이 넘쳐나는 이유다.

잘 키운 생숙 하나 열 적금 안 부럽다

다음 페이지에 나와 있는 표는 실제 내 생숙의 월 배당과 지출 내역이다(내 생숙의 분양가는 1억 7,500만 원이다). 3월에 영업을 시작했는데, 이 부분은 반영하지 않았다. 당시 건물의 여러 위탁사 중에 나와 계약된 위탁운영사가 가장 발 빠르게 영업 준비를 마쳐 인테리어, 사진 촬영 등 영업에 필요한 만반의 준비를 해놓은 덕에 아직 다른 룸은 개장하지도 않은 상태에서 고객을 유치했기 때문이다. 3월은 위탁운영 업무와 관련 없는 건물 AS 등 미비하게 손볼 게 많이 있어서 보수팀이 건물 전체를 들락날락하면서 수리를 했다. 그래서 정상적으로 룸이 가동되었다고 보기 힘들다.

나와 계약한 위탁운영 업체가 아무리 예약 업무를 잘하더라도, 건물에 공사와 인부들이 계속 드나들면서 작업하는 모습이 숙박객의 눈에는 불편하게 다가왔다. 또한 낮이더라도 복도에 불빛 하나 없으면 무서운데 밤에 예약해서 오는 숙박객들은 얼마나 무서

:: **2021년 월 배당금 및 지출 내역** ::

(단위: 원)

회수	영업월	매월 입금내역 (다음 달 8일)	은행이자	건물관리비	매월 순수익
1	4월	757,292	230,000	134,830	392,462
2	5월	1,186,724	240,780	149,450	796,494
3	6월	1,024,725	216,700	168,450	639,575
4	7월	2,259,684	223,920	177,240	1,858,524
5	8월	2,380,432	223,920	177,240	1,979,272
6	9월	643,747	216,700	200,340	226,707
7	10월	888,821	216,700	177,690	494,431
8	11월	644,323	223,920	175,300	245,103
9	12월	1,049,604	216,700	162,730	670,174
합계		10,835,352	2,009,340	1,523,270	7,302,742
월평균		1,354,419	223,260	169,252	811,416
연 환산		16,253,028	2,679,120	2,031,027	9,736,989

웠겠는가. 나도 그때 찍은 사진을 봤는데 숙박객들에게 미안한 마음이 들 정도였다. 당시 전체 세대 중 영업을 시작한 세대의 비율은 18%도 안 되었다. 그다음 달이 되어서야 다른 위탁운영 업체도 영업을 시작했고, 건물 내 여러 개의 위탁운영 업체가 동시에 영업을 시작한 건 거의 5월(6월 정산)이 되어서나 가능했다.

지금 돌이켜보면 시설보수팀은 전문가 그룹으로서 전체 객실 소유자들의 점검표를 모두 반영해 정말 꼼꼼하게 보수해주었다. 페인트가 살짝 벗겨진 것까지도 디테일하게 잡아주어 건물의 완성도는 정말 좋았다.

시험 가동 기간에도 월 수익금을 배당받고, 이후 본격적인 영업이 시작한 첫 달부터 만족할 만한 수익금이 매월 계좌에 입금되었다. 그러다가 8월에 순수익으로 197만 원 정도가 나올 때까지 생숙의 월 수익은 죽죽 우상향했다. 더 정확하고 자세한 데이터는 1년 정도 모니터해야 나오겠지만 2021년 12월을 기준으로 봤을 때 성수기를 기준으로 ±3개월 정도의 데이터만으로도 최소한의 분석은 가능하다. 앞으로의 가격 추이와 변동 폭을 어느 정도 예상할 수 있기 때문이다.

생숙의 최대 수익 구간은 2~5년 차 정도로 예상되고, 관리를 잘하고 좋은 후기가 많이 있는 객실은 6~10년 차까지도 꾸준히 높은 수익을 기대할 수 있다. 유명 해수욕장 근처의 생숙은 지금도 투자가치가 있을뿐더러 50년 뒤에도 투자가치가 있다.

나는 생숙의 최대 투자 기간을 20년까지로 잡는다. 20년 이후에는 리모델링을 통해 다시 수익을 극대화할 수 있는 계획을 짤 수 있기 때문이다. 2015년 이후에 생겨난 생숙은 감탄이 나올 정도로 입지 선정을 잘한다. 꾸준한 관광객이 올 것이 예상되므로 건물을 리모델링해도 충분히 사업성이 나올 것이 기대된다. 더 기다렸다가 재건축도 가능하다. 그만큼 좋은 입지에 있는 생숙이 많다.

다행히 위탁운영 업체가 초기부터 예약을 올리기 위한 작업을 했기 때문에, 영업 첫 달부터 수익을 봤다. 보통 정상 수익 궤도에 올라서기 위해서는 호텔과 같은 일반 숙박시설은 수 개월에서 수 년이 걸리지만, 생숙은 예약률만 높으면 영업 시작과 동시에 바로 수익권에 들어갈 수 있다.

투자한 돈 대비 12.1% 수익률 달성

내가 투자한 생숙의 순수익을 연으로 환산하면 9,736,989원이다. 큰 금액은 아니지만 투자금과 저금리 시대, 코로나19 상황을 고려했을 때, 임대수익률로는 부동산투자에서 가장 높은 수익률을 달성했다. 분양가 대비 취득세 805만 원(4.6%)은 부가가치세를 환급받는 금액(12,446,000원)으로 충당하면 되기 때문에, 취득세 비용을 전혀 걱정하지 않아도 된다. 취득세를 납부하고도 남은 금액(4,396,000원)은 추후에 객실 세팅 비용에 보태서 사용한다. 토지 17,469원(0.1~0.4%), 건물 재산세 154,550원(0.25%)도 순수 투자금에 포함해서 계산하지만, 일반적으로 세금 효과는 따로 계산을 하기 때문에 아래 분석에서 고려하지 않았다. 현금흐름 기준으로 분석을 할 경우에는 세금도 고려해야 한다.

생숙을 분양받으면 분양가에서 약 10% 정도의 금액을 환급받는다. 이 금액을 제외한 순분양가는 1억 7,500만 원이다. 나는 이 중 9,450만 원을 제외한 현금 8,050만 원을 넣었다. 연 환산 순수익 9,736,989원과 투자금 8,050만 원으로 수익률 계산을 해보면, 연 환산 12.1%(9,736,898원/8,050만 원)의 자기자본 수익률이 나온다. 월세 수익만 고려했을 때 아파트, 빌라, 상가 빌딩 등의 모든 부동산투자에서도 굉장히 높은 수익률이다.

강남의 빌딩 수익률은 2% 전후다. 상가도 3%대다. 임대가 있는 빌딩과 상가의 수익률인 경우고, 만약 공실도 수익률에 반영한다면 지금도 낮은 수익률이 훨씬 더 낮아질 수 있다. 현재의 상황에서 연 12.1% 수익률이 나온 건 거의 기적에 가깝다. 지금처럼 저금리 상황에서는 많은 투자금을 통해 많은 투자수익을 확보하는 전략이 아니라, 적은 투자금으로 높은 투자수익률을 만들 수 있는 투자 전략이 가장 안정적이다.

조금 더 쉽게 이야기하자면, 자금의 여유가 있어서 내 돈 8,050만 원 외에 대출 등 외부 자금으로 활용하지 않고 9,450만 원을 전부 내 돈으로 부담한다면(레버리지 효과 없이, 100% 내 돈으로만 투자) 은행 이자 비용인 월 223,260원을 절약할 수도 있다. 하지만 만약 9,450만 원을 동일한 생숙에 추가로 투자한다고 가정하면, 매월 811,416원의 추가 순수익이 발생한다.

기존 1객실 포함하면 총 2객실이므로 매월 1,622,832원의 순소득이 생긴다. 그리고 9,450만 원에서 8,050만 원의 추가 투자금을 제외하고도 1,400만 원의 현금이 수중에 남아 있다. 레버리지 효과를 가장 잘 보여주고, 수익률을 극대화할 수 있는 방법 중의 하나다. 만약 은행 이자 월 223,260원을 줄이려고, 9,450만 원까지도 자기자본으로 충당했다면, 매월 811,416만 원의 순수익을 포기하는 것이다. 현명한 투자자라면, 안정적인 수준으로 타인자본을 활용한 레버리지 효과를 통해 투자를 할 것이다.

더군다나 지금은 여전히 코로나19의 한복판을 지나고 있는 시기다. 여행업계가 굉장히 힘들고, 주요 관광지가 다 얼어붙은 시기임에도 불구하고 연 환산 수익률 12.1%는 굉장한 숫자다. 2021년에는 내 객실을 포함해서 대부분의 생숙 객실은 코로나19로 인해 평균 30~50% 정도 싸게 예약이 됐다. 4만~5만 원대에 예약된 적도 있고, 성수기임에도 63,923원에 예약된 적도 있다.

성수기에는 정말 부르는 게 값이어서 20만 원에도 충분히 나가는데, 성수기여서 객실예약 가격이 급격히 오르던 와중, 코로나19로 인해 가격을 계획대로 받을 수 없어서 어쩔 수 없이 가격이 낮게 조정이 되었다. 그래서 성수기임에도 불구하고 객실예약 가격은 평균 11만 원에 불과했다. 코로나19로 인해 예상 월 수익의 절반에 불과했다. 정가 대비 약 45% 가까이 싸게 팔린 것이다. 정상적이라면 유명 해수욕장 앞에 신축인 건물이어서 22만 원 이상의 가격도 가능했을 것이다.

코로나19가 아니었다면 성수기 월 순수익은 380만 원 가까이 나왔을 것으로 예상하고, 연수익도 현재 대비 30~50% 이상 올랐을 것이라 예상한다. 이 수치를 반영하면 1,054,984(811,460원×1.3배)~1,217,190원(811,460원×1.5배)의 예상수익을 기대할 수 있고 내가 투자한 돈 기준으로 수익률은 13.1(1,054,984원/8,050만 원)~15.12%(1,217,190원/8,050만 원)에 육박할 것이다. 부동산투자로 받은 임대수익률로는, 아마 전국의 어느 부동산 투자를 살펴보더라도 내 생숙 수익률보다 높은 건 없을 것이다.

영업 기간	예약일 수 (에어비앤비 기준)	예약일 수 (국내 예약사이트)	내 객실예약률
4월	25일	1일	86.67%
5월	30일	–	96.77%
6월	28일	–	93.33%
7월	27일	–	87.10%
8월	29일	1일	96.77%
9월	14일	1일	50%
10월	21일	–	67.74%
11월	15일	–	50%
12월	22일	1일	74.19%
합계	211일	3일	월평균 예약률 78.06%

코로나19 리스크를 제외한다면, 나는 2년 차 이후의 내 돈 투자 대비 수익률을 연 20% 이상으로 예상한다. 1년의 운영 기간 후에는 생숙이 많이 알려지고, 위탁운영 업체도 객단가와 객실예약률을 최상으로 올리는 퍼포먼스를 최적화했다고 판단한다. 또한 나도 내 객실의 수익을 위해서도, 첫 1년 차보다는 홍보와 마케팅, 관리에 대한 노하우가 쌓일 것이기 때문이다. 내 예상을 반영하면 2년 차의 최소 예상 수익률은 14.52%(1년 차 내 돈 투자 대비 연 수익률 12.1% ×1.2배)로 기대할 수 있다. 이후 매년 5%씩 5년간은 꾸준히 상승할 것으로 예상한다. 관광업이 주된 산업인 지역 특성상 정책적으로 관광시설이 계속해서 건설된다. 비수기에도 여행을 오는 숙박

객들이 많이 증가할 것으로 예상된다. 도로, 철도 교통도 좋아져서 서울까지의 차량 접근성이 더욱 가까워지고 있어서 여행객 수도 꾸준히 증가하고 있다. 속초의 경우 국제 크루즈선 운항도 재개되면서 관련 종사자 숙소로 쓰일 수도 있고 관광객들에게 가성비 좋은 숙박시설로 제공될 수 있다.

코로나19가 장기간 진행될 경우에 대해 투자를 망설이는 분들도 있다. 하지만 나는 걱정하지 말라고 이야기하고 싶다. 왜냐하면 능력 있는 위탁운영 업체라면 어떤 상황에서도 객실예약률을 높여서, 계약자들이 만족할 만한 수익 배당금을 지불할 수 있기 때문이다.

단순히 예약 채널만 바로 보고 멍하니 예약을 기다리는 것이 아니라, 다양한 프로모션과 이벤트를 활용해 예약률을 올린다. 예를 들면 2일 이상 연박 할인을 통해 예약률과 객실 수익률을 높인다. 2일 연박의 경우 보통 청소를 1번만 하는데, 이 경우 1일씩 2번 방이 나갔을 때와 비교했을 때 청소 비용을 줄여서 수익금을 늘릴 수 있는 것이다. 또한 관광코스와 연계해 숙박권을 파는 방법 등 예약 관리에 능한 위탁운영 업체를 운영의 묘미를 발휘해 예약률을 지역 평균 이상으로 높인다.

코로나19가 영원하지는 않다. 지금 투자해야 코로나19 이후에 객실 수익을 통한 배당금이 올라갈 수 있고, 매매가에 프리미엄이 붙어서 비싸게 팔 수도 있다. 투자 격언 중에 쌀 때 사고 비쌀 때 팔라는, 당연하지만 실천하기 어려운 명언이 있다. 이 격언을 생각해보면 오늘의 생숙 가격이 가장 싼 가격이다.

월 정산 수익금과 예약률로 생숙의 가치를 판단한다

사실 코로나19 이전에도 숙박업계의 연평균 예약률은 50%를 넘기는 게 쉽지 않았다. 성수기에만 80% 이상의 숙박률을 달성할 수 있었다. 그런데 2020년 1월부터 코로나19가 시작돼서 2022년 1월 현재까지도 숙박업계에 엄청난 타격을 주고 있다. 2020년도에는 전국에 등록된 모든 숙박시설의 전체예약률은 39.1%, 강원 지역은 50.44%였다. 2021년에는 2020년보다 전체예약률이 훨씬 줄었으리라고 예상한다. 하지만 내가 속한 위탁운영 업체는 월 평균 예약률이 65~70%다. 실로 어마어마한 예약률이다. 내 객실의 경우에는 내가 속한 위탁운영 업체가 운영하는 전체 객실의 평균 예약률보다 높다. 그 차이만큼은 내가 객실을 홍보한 노력의 결과라고 생각한다.

그 이유는 첫째, 영업 시작 전에 지인에게 내가 분양받은 생숙을 알려주었다. 친한 지인들도 같이 홍보를 해주어서 건너 건너 아는 분들이 빠르게 예약을 하고 숙박을 했다. 그 결과 정식 영업을 시작하는 초창기에 내 객실의 후기가 빠르게 올라왔다. 초기 분양하는 생숙의 경우 초기 5개의 후기를 빠르게 선점할수록 이후 객실예약률에도 좋은 영향을 미치는 것 같다. 둘째는 친구나 지인들이 내 객실을 많이 홍보해주었다. 여러 사람이 있는 카카오톡 그룹

채팅방에서 내 방을 홍보해주는 친구들이 많았다. 홍보라고 해봤자 에어비앤비로 연결된 객실 링크만 카톡방에 올리는 정도였다. 그러면서 '해수욕장 바로 앞이고 신축이라 정말 깨끗하다' 정도의 멘트만 했다. 아무리 친한 친구들, 모임 멤버들이 있는 채팅방이라도 적당한 선에서 홍보해야 진지하게 지켜보고 관심을 갖는다는 사실을 유념해야 한다.

비록 나도 내 객실을 주변 지인에게 홍보하고 알린 노력도 했지만 90% 이상은 위탁운영 업체의 예약관리 능력이라고 본다. 생숙투자자 입장에서는 평균 이상의 높은 예약률을 유지하는 전문가 그룹이 있어야 코로나19와 같은 비수기에서도 높은 수익률을 달성할 수 있다. 공식적으로 확인할 수는 없지만 위의 예약률은 국내 생숙업계에서 거의 상위 1%에 드는 예약률이라 생각한다. 개별 객실의 예약률은 각각 다르지만, 전체적인 예약률을 고려하더라도 전국에서 상위 TOP 3 안에 들어간다고 본다.

일반적으로 성수기 바로 직후에는 예약률이 낮다가 이후 다시 예약률이 올라간다. 당시 코로나19 이슈가 잠잠해지다가 다시 커져 대부분의 숙박업소의 예약이 취소되는 등 어려움이 있었지만, 위탁운영 업체의 예약관리 전략과 마케팅으로 국내 생숙업계에서 거의 상위 1%에 드는 예약률을 달성하고 있는 것으로 생각한다.

내 상세 월별 정산서를 보면, 위탁운영 업체가 100% 수작업으로 예약을 받기 위해 얼마나 노력하고 있는지를 상세히 알 수 있다. 큰 회사의 멋진 네임밸류, 놀랄 정도의 홈페이지, 화려한 광고물, 장밋빛 전망으로 계약자들에게 프레젠테이션하면서 계약을 유치하는 방법보다는 그동안 숙박 계약자들에게 수익금을 주었던 개별정산금을 보여주면서 진술한 마음을 담아 운영하려는 위탁 운영 업체가 가장 탁월한 곳이다. 생숙업계에서 유명한 명언이 있다. "위탁운영 업체의 실력은 계약자 통장에 입금하는 객실 수익금으로 보여준다."

수익률이 생숙의 가치를 결정한다

상가 매매를 위해 부동산을 돌아다니다 보면 신기한 사실을 발견하게 된다. 3개월 이상 공실이 나 있는 상가의 경우, 기존 월세 250만 원을 150만 원으로 낮춰주면 바로 계약하려고 하는 임차인이 있음에도 불구하고 공실로 놔둘지언정 월세를 크게 낮추어주지 않는 것이다. 그 이유는 상가 등 임대소득 목적의 수익성 부동산이 지닌 가치는 월 임대료, 즉 임대수익률에 의해 결정되기 때문이다. 즉 수익률은 곧 부동산 가치와 연관된다는 얘기다.

간단한 사례로 분석해보자. 1년 임대수익이 1,200만 원 정도 나올 때, 임대수익률 8%, 5%, 3%에 따른 생숙의 가치를 계산해보는 것이다. 1년에 1,200만 원의 연 임대수익을 생숙 투자를 통해 기대하는 수익률 8%로 나누면 나오는 값 1억 5,000만 원이 투자자가 생각하는 생숙의 가치다. 기대하는 수익률 5%로 나누면 나오는 값 2억 4,000만 원, 기대하는 수익률 3%로 나누면 나오는 값 4억 원이 투자자가 생각하는 생숙의 가치다.

기대수익률은 땅값이 비싼 도심 지역으로 올수록 낮아지고, 땅값이 저렴한 외곽으로 갈수록 높아진다. 만약 서울과 속초에 같은 투자금으로, 동일한 연 5%의 임대수익률을 얻을 수 있다면 일반적으로 투자자들이 서울에 투자할 것이다. 하지만 속초지역에 투자할 경우 연 10%의 수익률을 얻을 수 있다면, 투자자의 투자 성향에 따라 어디에 투자할지가 결정된다.

주로 일정 기간 보유한 후에 매도해서 얻는 양도차익이 크다고 판단되면, 임대수익률이 낮아도 투자를 한다. 그래서 땅값이 많이 오르는 강남지역의 수익성 부동산 수익률이 2%대임에도 불구하고 투자한 사람들이 많은 것이다. 투자에서 정답은 없지만 꾸준한 현금흐름이 중요한 투자자라면 오로지 안정적인 (임대) 수익률에 초점을 맞추어야 한다.

요즘 서울의 상가·빌딩 수익률은 3% 이하가 많다. 4%만 해도 굉장히 잘 나오는 수익률이다. 수도권 외의 지역은 6% 이상의 수익률을 기대해야 제법 수익성이 좋은 투자물건이라고 생각한다.

내 생숙의 경우 은행이자, 관리비를 차감한 순수익이 월 811,416원이다. 1년이면 9,736,989원, 약 1,000만 원이다. 부가가치세를 제외한 분양가(이하 순분양가)는 1억 7,500만 원이었다. 만약 내 생숙을 통한 수익률을 5%로 생각하는 투자자라면 2억(1,000만 원/5%) 원의 생숙 가치에 비해 저평가되어 있어서 분양가(1억 7500만 원) 대비 2,500만 원(2억 원-1억 7,500만 원) 이하의 금액을 주고서라도 사려고 할 것이다. 나처럼 레버리지를 활용한 9,450만 원(순분양가 대비 54%)을 받고, 내 돈 8,050만 원으로 투자한다면 수익률은 훨씬 올라간다. 내가 투자한 돈 대비 연 12.1%의 수익률이기 때문이다.

앞에서 본 것처럼 1년치 순수익금을 잘 만들어야 내 생숙의 가치도 지속적으로 증가한다. 만약 내 예상대로 내년에 연 수익금이 최소 20% 오르면 약 1,200만 원/1년이다. 6%의 기대수익률로 나누면 약 2억 원의 가치가 되고, 앞에서처럼 레버리지 효과(54% 대출)를 고려 시, 수익률은 14.9%다.

수익률을 계산할 때 꾸준히 금리를 살펴라

기대수익률은 금리와 연관이 있다. 만약 금리가 계속 오를 것이라고 생각하면 기대수익률이 올라가게 된다. 생숙의 매매가가 하락하는 효과를 준다. 금리가 계속 내릴 것이라고 생각한다면 생숙의 매매가는 상승한다. 금리는 계속 변하기 때문에 한국은행에서 발표하는 기준금리 추이를 살펴봐야 한다.

앞으로 금리가 일시적으로 오를 수는 있지만 큰 틀에서는 저금리 기조가 유지될 것이라고 생각한다. 각국 정부가 코로나19로 경직된 경제상황을 지속적인 금리 인상으로 더 악화시킬 가능성은 크지 않다고 판단하기 때문이다. 낮아지는 출산율과 경제활동인구수의 감소, 기업의 생산 및 투자활동을 촉진하기 위해 금리를 낮게 유지하려고 한다. 국내에서는 금리를 인상할 동기가 오로지 부동산 가격 상승을 억제하기 위해서다.

금리는 부동산뿐만 아니라 다른 실물경제, 금융경제에도 영향을 주기 때문에 부동산 가격 하나만 보고 금리를 인상할 수 없다. 국내뿐만 아니라 전 세계적으로도 가파른 금리 상승에 따른 부작용이 크기 때문에 각국 정부에서는 시장이 감당할 수준만큼 금리를 상승시킬 수 있다. 그렇지만 역사적으로도 봤을 때 전 세계 금리는 저금리 기조로 계속 유지될 가능성이 크다. 세계 3차 세계대전이 일어나지 않는 한 예금금리가 과거처럼 6% 이상이 될 가능성은 거의 없을 것 같다.

이자만 납부하는
레버리지 수익률을 활용하라

자기자본과 타인자본을 이용한 투자수익률 분석

사전적 의미에서 타인자본이라 함은 내 돈 이외의 모든 돈을 말한다. 대표적인 타인자본은 은행 대출을 들 수 있을 것이다. 이번에는 생숙 투자에 활용 가능한 다양한 레버리지 방법을 설명하고자 한다. 레버리지를 활용한 생숙 투자는 기본형과 신용을 활용한 2가지 경우다.

나는 전체 생숙 투자자 중에 약 40%는 기본형 레버리지로 투자하고, 20%는 기본형+신용활용형 레버리지 투자를 한다고 생각한다. 5%의 비율로 전액 현금으로 투자하는 투자자도 있다. 보통 법인 명의로 구매해서 대출 상황이 여의치 않거나, 현금 여유가 있어서 전액 현금으로 분양받는 경우다. 하지만 생숙 투자를 순수 내 돈으로만 투자하는 투자자 비율은 매우 낮다고 생각하면 된다. 그

레버리지 형태 구분	자기자본 비율	개인 신용 대출	분양받은 생숙 담보 물건	자기자본 투자 대비 수익률 (연 순수익 9,736,989원)
기본형	46% (8,050만 원)	–	54% (9,450만 원)	12.1%
기본형 + 신용 활용	36% (6,300만 원)	10% (1,750만 원)	54% (9,450만 원)	15.5% : 9,736,989원−525,000원 (신용대출이자 3% 가정)

* 1억 7,500만 원 생숙에 투자할 때 각 레버리지 활용에 따른 투자수익률이다.

뿐만 아니라 생숙에 투자를 할 때 전액 현금으로 하는 것은 재테크 측면에서 굉장히 손해 보는 것이라고 생각한다. 대출에 대한 거부 감이 심한 경우라면 대출금을 바로 갚을 수 있는 현금을 손에 쥐고 있더라도, 최소한 기본형 레버리지를 활용해서 투자하는 것이 투 자자에게 가장 유리하다.

현금 없이 타인자본 100%로 투자하는 경우

생숙 투자자 중 기본형, 기본형+신용활용형, 전액 현금형을 제 외한 나머지 35%는 레버리지 효과를 극대화해서 수익률을 극한으 로 올리는 방법이다. 이 방법은 생숙 이외의 다른 부동산 자산이 있는 경우에 활용할 수 있는 방법이다.

이때 수익률 분석은 현금흐름을 기본으로 한다. 내 돈을 지출 하는 건 0원이기 때문에, 수익 분석을 위해서는 현금흐름을 기준 으로 현금 유입·유출 계산을 통해야만 수익률을 분석할 수 있다.

타인자본 활용 방법	연간 상환금액 (원금, 이자)	연간 개인신용대출 비율 및 납부 금액(대출이자 3% 가정)	분양받은 생숙 담보금액 및 이자(원금 납부 없음)	연 환산 건물 관리비	연 환산 수익률[1]
자가 보유 시 주택 담보대출	총 4,192,756원 (원금: 2,334,685원, 이자: 1,858,071원)[2]				188.3%
수익형 부동산 보유 시 담보대출	총 1,890,000원 (원금: 0원, 이자: 1,890,000원)[3]	10%, 1,750만 원 (이자: 525,000원)	9,450만 원(54%) / 2,835,000원	2,031,027원	270.9%
보유 주택 임차인으로부터 증액한 전세보증금 '일부' 활용	–				423.27%
보유 주택 임차인으로부터 증액한 전세보증금 '전부' 활용[4]	–	6,300만 원을 제한 나머지 전세 보증금 사용			501.66%

1 연 매출액 16,253,028원으로 가정. 위탁운영 업체에서 계좌에 입금하는 배당금을 실제 매출 데이터를 바탕으로 연 환산한 금액.
2 원리금 상환 균등방식, 20년 만기, 대출이자 3% 가정
3 거치식, 이자만 상환, 20년 만기, 대출이자 3% 가정
4 소유한 부동산의 임차인으로부터 받은 전세보증금 또는 전세보증금 증액분이 8,050만 원 이상인 경우에 가능하다. 최근 몇 년간 부동산 전세금이 폭증해, 수도권 내의 대부분의 아파트 전세 인상금은 8,050만 원을 훌쩍 넘었다. 2022년 8월부터는 기존에 행사한 갱신청구권(전세보증금 5% 인상 제한)이 종료된다. 이는 이후 전국적으로 전세값 폭등을 가져올 단초를 제공할 여지가 있다.

100% 타인자본을 활용한 방법으로, 타인자본에는 무이자 대출금 (예: 소유한 아파트에서 세입자의 전세보증금 또는 재계약으로 인한 전세보증금 증액분)과 이자를 납부해야 하는 대출금(예: 무담보대출인 신용대출과 부동산 담보대출) 등이 포함된다.

위 표는 1억 7,500만 원 생숙에 투자할 때를 가정으로 타인자본 활용 방법에 따른 투자수익률이다. 생숙을 담보로 총액의 54%인

9,450만 원을 대출받고, 개인 신용을 통해 총액의 10%인 1,750만 원을 대출받는다. 이 두 금액을 제하면 전체 총액의 36%인 6,300만 원이 필요한데, 이 금액을 다음과 같은 4가지 방법을 통해 대출을 받는다.

자가 보유 시 주택 담보대출 활용(원금＋이자 상환)

1년 차로 환산한 위탁운영 업체 계좌 송금금액 16,253,028원에서 연 환산 건물관리비 2,031,027원을 차감한 금액이 생숙으로 발생한 연간 순수익 14,222,001원이다. 이 순수익으로 내가 1년 차 동안 실제 지출된 돈인 주담대 상환액 4,192,752원, 신용대출이자 525,000원, 생숙담보이자 2,835,000원의 합인 7,552,752원을 나누면 188.3%라는 신기에 가까운 수익이 나온다. 레버리지를 통한 투자의 마법이다.

$$\frac{16,253,028원 - 2,031,027원}{4,192,752원 + 525,000원 + 2,835,000원} = 188.3\%$$

수익형 부동산 보유 시 담보대출(이자 상환)

보유하고 있는 상가, 건물 등을 활용해 대출을 받아서 생숙에 투자한 경우를 알아보자. 우선 연간 순수익 14,222,001원은 앞과 동일하다. 이 부분은 위탁운영 업체와 건물관리 업체의 영역이기 때문에 레버리지 효과와 관계없이 동일하다. 여기서 투자자가 1년 차 동안 실제 지출한 돈은 상가·건물 담보대출이자 1,890,000원, 신용대출이자 525,000원, 생숙담보이자 2,835,000원을 모두 합한 5,250,000원이다. 이를 고려해 계산한 수익률은 270.9%가 된다.

$$\frac{16,253,028원 - 2,031,027원}{1,890,000원 + 525,000원 + 2,835,000원} = 270.9\%$$

보유 주택 임차인으로부터 증액한 전세보증금을 활용해 '일부' 충당

다음은 보유한 주택의 세입자로부터 전세금을 올려받은 돈의 '일부'를 활용하는 경우다. 투자자가 1년 차 동안 실제 지출한 돈은 신용대출이자 525,000원, 생숙담보이자 2,835,000원을 모두 합한 3,360,000원이다. 앞과 동일한 연간 순수익 14,222,001원을 고려해 계산한 수익률은 423.27%다.

$$\frac{16,253,028원 - 2,031,027원}{525,000원 + 2,835,000원} = 423.27\%$$

보유 주택 임차인으로부터 증액한 전세보증금을 활용해 '전부' 충당

보유한 주택의 세입자로부터 전세금을 올려받은 돈을 생숙으로 담보대출받은 금액을 제외한 모든 투자금으로 활용한 경우다. '전부'를 활용하는 경우다. 여기서 투자자가 1년 차 동안 실제 지출한 돈은 생숙담보이자 2,835,000원이다. 연간 순수익 14,222,001원을 고려해 계산한 수익률은 501.66%다.

$$\frac{16{,}253{,}028원 - 2{,}031{,}027원}{2{,}835{,}000원} = 501.66\%$$

내 돈 0원 투자방법 설명서

상가, 오피스텔, 빌딩 등 수익성 부동산을 통해 대출을 받아서 생숙의 잔금(계약금 납부할 때도 가능)을 납부하는 방법에는 정부 규제에서도 큰 제재가 없다. 수익 목적의 상업용 자산을 활용해 수익 목적의 생숙에 투자하는 것이기 때문이다. 아파트 등 주거용 자산의 보증금 또는 보증금 증액분을 활용해 수익 목적의 생숙에 투자하는 것도 정부 규제 대상은 아니다. 정부에서는 주거용 자산에만 돈이 가는 것을 억제하려고 한다.

수익성 부동산은 담보력이 크기 때문에 대출 가능 금액이 시세의 80%(KB국민은행 부동산 시세) 가까이 나온다. 이 정도의 금액은 생숙에 투자할 때 필요한 돈을 모두 충당하고도 남는다. 위의 사례의 경우 6,300만~8,050만 원이 필요한데, 소유한 상가와 건물에서는 충분히 대출이 되기 때문이다. 투자자의 성향에 따라 생숙을 주업으로 하려는 투자자는 대출을 받아 10객실 이상 구입해서 운영가능하다. 이 경우 반드시 가장 수익률이 높다고 생각되는 생숙 한 건물에만 투자해야 한다.

대출할 때 원금은 납부하지 않고 이자만 납부하는 원금 거치식

대출 또한 가능하다. 수익성 자산을 활용한 대출을 받을 때의 장점이다. 20년 만기 연 3%로 6,300만 원을 주담대로 빌릴 경우 월 354,396원(원금 196,896원+이자 157,500원)을 납부하지만, 이자만 납부하는 상가, 건물 담보대출은 매월 157,500원만 납부한다. 10객실을 산다 해도 대출이자는 매월 1,575,000원 정도만 납부할 뿐이다.

반면 주거용 자산(아파트 등)은 정부 정책에 따라 이자만 낼지 원금+이자를 동시에 상환할지에 따라 변한다. 현재는 급등하는 주거용 자산으로 흐르는 돈을 막기 위해 원금+이자를 동시에 상환하도록 요구하고 있다. 하지만 그렇다 할지라도 주담대를 활용하면 188.3%의 연 수익률을 달성할 수 있다.

지금까지 설명한 투자 분석이 '왜 생숙에 투자하느냐'에 대한 답이 될 거라 확신한다. 앞에서 본 수익률 분석 테이블에 나와 있듯이 생숙 투자에 대한 수익률은 188.3%에서 최고 501.66%까지 치솟기 때문이다. 이 정도의 투자수익률이 기대된다면 최소한 1객실 이상 생숙 투자를 해볼 만하다.

세입자로부터 올려받은 전세금을 생숙에 투자해도 괜찮은지 걱정하는 분들도 있다. 정답은 '가능하다'이다. 전세금을 올려받은 돈은 일종의 '무이자 대출금'과 같다. 이 돈을 은행에 고이 모셔두느냐, 재투자해 수익을 극대화하느냐에 따라 자산 상태는 하늘과 땅 차이다. 이 돈을 활용해 생숙에 투자하면 자산도 올라가고 고수익의 안정적인 월배당 수익을 받을 수 있다.

다시 한번 강조하지만 정부는 아파트 등 주거 목적의 부동산만 규제하고 있다. 수익을 목적으로 하는 상업용 자산에 주택 담보대출 금액을 활용하는 것은 막지 않는다. 사회 통념상 아파트에 투자해서 돈 버는 것은 바람직하지 않다는 시각도 많지만, 상가나 생숙 등 영리 목적의 수익을 위해 투자하는 것은 사회 통념상에도 어긋나지 않고, 정부에서도 경제를 활성화하는 합리적인 영리 목적의 활동으로 본다.

정책을 알면 투자의
방향과 대출, 전망이 보인다

정부 정책을 읽어야 한다

내 돈을 한 푼도 들이지 않고 생숙에 투자할 때는 정부 정책을 주의해야 한다. 먼저 주택 부분을 살펴보자. 최근 부동산 가격이 상상도 할 수 없을 만큼 폭등했다. 매매가와 전세가 모두 올랐다. 2020년 7월에 임대차 3법인 계약갱신청구권, 전월세상환제, 전월세신고제의 영향으로, 전세금을 5% 상한 이내로 증액한 세대가 있고, 임차인의 요구에 따라 계약갱신청구권을 바로 사용하지 않고 나중에 사용하겠다고 하면서 전세금을 올려준 세대도 있다. 정부 규제로 인해 전세금 갱신 금액이 보증금의 5% 이내로 제한이 될 수 있으니 이 부분을 유의해야 한다.

2022년 7월부터는 전세금 5% 상한에서 벗어난 세대수가 쏟아져나와서 주택의 매매가·전세가의 폭등이 재현될 수 있다. 이 돈이 생숙으로 흘러와서 이미 분양된 생숙에는 매매가 증가, 지금 분양 중인 생숙은 분양 조기 완판이 될 가능성이 있다.

2022년 초까지 수도권에서 26조 원 규모의 토지보상금이 풀릴 것이라는 전망이 나왔다. 이 돈은 직접적으로 생숙으로 넘어오지는 않겠지만, 우선 아파트, 상가, 건물 등으로 토지보상금이 유입되면서 2차적으로 생숙 시장으로 흘러들 가능성이 높다. 부동산 시장은 모두 하나의 생물처럼 살아 있으며 서로 연결되어 있기 때문이다.

DSR, DTI를 꼼꼼히 따져라

2021년 10월 26일 기획재정부는 가계부채를 1) 총량 관리 지속 2) 상환 능력 내 대출, 즉 DSR(Debt Service Ratio, '총부채원리금상환비율'로 대출받으려는 사람의 연소득 대비 전체 금융부채 원리금 상환 비율을 뜻한다. 즉, 돈을 빌릴 때 1년 안에 상환을 해야 하는 모든 대출원리금을 연간소득으로 나눈 값을 말한다) 규제 강화 3) 실수요자 보호 등 3가지 방향에서 마련한다는 명목하에 2022년부터 DSR 규제를 강화한다고 발표했다.

2021년 12월을 기준으로 DSR 규제 1단계가 시행 중이다. 1단계의 내용은 규제지역(투기지역·투기과열지구·조정대상지역) 내 시가 6억 원 초과 주택을 담보로 한 대출이 있거나 1억 원 초과의 신용대출이 있는 대출자에 대해서 은행권 40%, 비은행권 60%의 개인별 DSR 한도를 적용하는 것이다.

2022년 1월부터는 DSR 규제 2단계가 시행된다. 내용은 주택 담보대출과 신용대출을 포함한 총대출액 2억 원을 초과하는 대출자로 개인별 DSR 한도 규제가 확대 적용되고, 제2금융권 풍선효과 차단을 위해 제2금융권 DSR 기준도 강화할 방침이다.

금융부채에는 주택 담보대출, 신용대출, 카드론 등 모든 대출이 포함된다. 소득은 근로소득 증빙은 원천징수 영수증, 소득금액 증명원, 사업소득 원천징수 영수증, 연금증서 등으로 가능하다. 주부, 학생, 프리랜서, 은퇴자 등은 국민연금공단, 건강보험공단 등 공공기관 발급 자료나 이자, 배당금, 임대료, 카드 사용액 등의 자료로 소득을 산정받을 수 있다.

정부는 기존에 DTI로 규제를 했으나 가계부채가 증가함에 따라 규제를 강화하기 위해 DSR을 통한 규제를 적용하기 시작했다. 간단히 용어에 대해 설명하면, DTI(Debt To Income)는 총부채상환비율을 말하며 소득대비 이자상환 비율을 말한다. 기본 가정이 '이자'만 갚는다는 개념이다. 반면 DSR은 '원금'과 '이자'를 모두 갚아야 한다. 그런데 법인, 임대사업자는 위의 DSR 규제와 가계대출 규제 대상에서 제외되어 있다. 이번 대책에서는 가계대출(개인 대출)을 타깃으로 한 규제이기 때문이다. 법인, 임대사업자는 가계대출이 아니기 때문에 '사업자 대출'로 간주된다.

상가 등 근린생활시설에 투자할 때 적용받는 RTI(Rent To Interest)도 있다. RTI는 연간 임대소득을 연간 대출이자로 나눈 값이다. 개인 사업자가 (일반) 사업자등록을 해서 상가 등 근린생활시설 임대업을 하려고 하는 경우 대출을 받을 때 RTI를 적용받는다. 주택임대업은 RTI 150%, 비주택은 RTI 125%다. 반면 법인은 RTI 규제를 적용받지 않는다.

대출 규제에 따른 생숙 투자 전망

대출 규제는 문재인 정부 임기 내내 계속될 전망이고 차기 정부에서도 단번에 규제를 풀지는 않고 하나씩 규제 완화를 할 것으로 생각한다. 그러나 이 같은 대출 규제 정책하에서도 생숙 투자의 전망은 굉장히 밝다. 거의 밑바닥에서 위로 치고 올라갈 일만 남았다. 지금보다 더 최악은 없을 것 같다. 그 이유는 정부 규제에 시장은 이미 내성이 생겼고, 이미 다양한 방법으로 대출을 받아 투자를 하는 길을 찾은 투자자들이 많기 때문이다.

자본주의 사회에서 돈줄을 틀어막아 부동산 가격을 억제한다는 건 흐르는 물길을 손으로 막는 것과 같다. 손가락 사이로 새나간다. 이 상황을 뚫고 대출을 받아 투자한 투자자만 고수익의 열매를 맺을 수 있다. 정부 규제를 잘 아는 투자자는 대출정보에 대해서도 잘 안다. 자본주의 사회에서 100% 자기자본으로 투자하는 것은 쉬운 길을 놔두고 어려운 길로 돌아가는 것임을 잘 아는 현명한 투자자는, 다양한 대출 제도에 대해서도 속속들이 아는 전문가다. 또한 대출은 정부 정책과 연동되어 있기 때문에 부동산 시장에 대한 정부의 의도도 파악할 수 있다. 먹구름이 끼면 곧 소나기가 내릴 확률이 큰 것처럼, 투자할 때 미래의 리스크를 선제적으로 줄일 수 있다. 투자로 돈을 벌고 싶다면 대출에 대해서도 많은 공부를 해보는 걸 추천한다. 한번 해두면 평생 도움이 되는 지식이다.

위드 코로나 시대, 살아남는 방법은?

코로나19로 세계 경제는 2년 이상 움츠러들었다. 이 시기, 부동산투자 시장에서도 신중한 옥석 가리기가 필요해졌다. 진짜 실력자와 가짜 실력자가 명확히 구분된다. 돈 버는 생숙과 못 버는 생숙이 명확히 구분되고, 수익을 내는 위탁운영사와 그렇지 못한 위탁운영사가 구분된다. 지금 코로나19 상황에서도 수익을 내는 위탁운영사는 정말 굉장히 실력이 좋은 거다.

누구에게나 어려운 상황이 있다. 학교 시험에서, 취업 준비에서, 회사 생활에서, 사업에서 항상 어려운 일이 있다. 누구나 24시간 동일한 시간이 주어진다. 그 시간 안에 남들보다 뛰어난 퍼포먼스를 내는 사람만이 앞으로 나아갈 수 있으며 경쟁력을 지닐 수 있다. 코로나19로 힘든 상황에서도 대박의 수익을 내는 여행업계, 숙박업계가 있으며 심지어 역대 최고의 매출을 내는 회사도 있다. 바로 '여행'과 '공유 경제'를 대표하는 에어비앤비(Airbnb)가 그 주인공이다.

에어비앤비는 이번 3분기에 흑자를 기록했고, 12월에는 나스닥에 성공적으로 상장했다. 2021년 11월 16일을 기준으로 에어비앤비 시가총액은 1,316억 달러(약 156조 원)로, 전 세계 1, 2위 호텔 체인인 매리엇(502억 달러)과 힐튼(395억 달러)의 시총을 합친 것보다 크다. 구체적으로 매출과 수익을 살펴보더라도 2021년 3분기 매출은 1년 전보다 67% 증가한 22억 3,700만 달러(약 2조 6,419억 원), 순이익은 280% 증가한 8억 3,400만 달러(약 9,850억 원)를 기록했다. 매출과 순이익 모두 사상 최대다.

여행, 숙박업계에서는 에어비앤비의 독무대다. 경쟁상대가 없을 정도다. 에어비앤비의 플랫폼을 주력으로 사용해 예약률을 높일 수 있다. 내가 계약한 위탁운영 업체에서도 에어비앤비를 주력으로 예약을 받고 있다. 업체의 주된 연령대가 30~40대로, 업무적인 전문성과 열정이 가장 피크를 찍는 연령대로 인력 구성이 되어 있다. 그래서 트렌드에 굉장히 밝고 손이 빠르다. 나는 전 세계적으로 성공한 파트너와 함께 비즈니스를 하는 우리 위탁운영사에 큰 신뢰감을 갖고 있다. 더군다나 이 업체의 비즈니스 모델은 계약자의 이익을 극대화하는 방향으로 만들어져 있다. 계약자가 우선적으로 수익이 나야지 위탁운영 업체가 수수료를 받는 구조이기 때문이다. 4장에서 자세히 설명하겠지만, 외부 환경이 어떻든 간에 실력이 있는 위탁운영사가 운영을 해준다면 어떤 생숙이라도 고수익의 안정적인 수익을 낳는 황금알이 될 것이다.

생숙 1객실로 5억 원의 예금을 예치한 효과

요즘에 화폐가치가 많이 떨어져 있다고 한다. 1억 원은 모으려면 큰돈이지만, 굴리려고 하면 한없이 적은 금액이다. 은행에 넣어봐야 2% 예금이자라고 해도 한 달에 166,667원밖에 안 나온다. 나의 생숙은 현재 월평균 1,223,219원씩 통장에 찍히고, 대출이자와 관리비를 차감하더라도 월 811,416원의 순임대소득을 벌어다준다. 은행이자 대비 4.98배의 수익이고, 마치 5억 원을 은행에 예치해놓은 수익과 비슷하다.

멀리 가지 않더라도 5년 전만 해도 1억 원으로도 갭투자를 할 수 있는 좋은 부동산투자 물건이 많았다. 아파트 등 주택에 갭투자를 해놓으면 몇 년 뒤에 몇 배는 벌었다. 부동산투자, 특히 아파트투자는 정말 타이밍이 모든 투자를 결정한다.

하지만 지금은 어떤가? 서울에서 괜찮은 부동산 갭투자를 하려면 강남지역은 10억 원 이상이 필요하고, 서울 내 다른 지역도 최소 5억 원 이상은 필요하다. 서울에 규제가 심하다 보니 서울 근교 수도권 부동산 가격도 굉장히 많이 올랐다. 조금 괜찮다 싶으면 갭투자로 3억~5억 원 이상의 내 돈이 필요하다. 수도권 외의 지역은 아직 갭으로 3억 원 이하로 투자할 지역이 정말 많기는 하다. 부동산투자에 밝은 투자자라면 과감히 투자하겠지만, 그렇지 않은 사람의 경우는 머릿속에 오만 가지 걱정으로 쉽게 투자하기가 쉽지 않다. 그래서 심리적인 요소와 현실적인 요소를 고려했을 때 3억 원 정도가 생숙을 통한 월배당 수익을 추구할지, 주택투자를 통한 양도차익을 추구할지를 결정짓는 금액이다.

나는 8,050만 원을 투자해서 매월 약 81만 원의 월 순소득을 벌고 있다. 만약 2객실을 샀다면 매월 162만 원의 순소득을, 3개 객실을 분양받았다면 매월 243만 원의 순소득을, 객실 4개를 분양받았다면 매월 324만 원의 월 소득을 벌 수 있었을 것이다. 서울이나 수도권 상가, 건물을 보면 객실 4개 가격인 3억 2,200만 원으로 매월 324만 원의 월 소득을 벌 수 있는 곳은 없다.

돌다리도 두드려보고, 다시 살펴보고, 한 발자국 밟았다가 뒤로 물러나기를 몇 번 하는 사람처럼 극도로 위험 있는 투자를 아예 안 하려고 하는 사람이라면 일단 1객실로 시작하는 게 좋다. 이후 2~3객실 이상 분양받으려는 계획은 본인의 투자 성향과 함께 생숙에 '투자'를 할 것인지 '사업'을 할 것인지 냉철하게 계획을 세운 후에 진행하는 것이 좋다.

이렇게 빠른 돈 콘셉트를 활용하며 장래에 발생할 양도소득을 기다리기보다 현재의 월 배당 수익금을 확보하는 것이 좋다. 객실 관리도 철저히 한다면 자연스럽게 프리미엄이 붙어서 높은 양도소득도 얻을 수 있다.

분양업자를
활용하라

투자 상담은 선 전문가, 이후 본인의 페이스대로

생숙에 투자하려고 마음먹었다면 처음부터 입지와 투자 가치를 분석하기란 쉽지 않다. 가장 편한 방법은 분양 홍보관과 분양업체 직원을 활용하는 것이다. 분양 전문가들에게서 알아낼 수 있는 정보를 최대한 들은 뒤에 본인의 페이스대로 가도 된다.

나는 분양하는 분들도 전문인력이라고 생각한다. 해당 물건에 대한 모든 호재를 다 알고 있기 때문이다. 이들은 현재, 미래의 호재뿐만 아니라 높은 실현 가능성, 실현 가능한 호재 등에 누구보다 빠르고 많은 정보를 알고 있다. 정보의 범위와 깊이에 대해서만큼은 전문가라고 말할 수 있다. 하지만 엄연히 부동산을 신규로 파는 '분양' 업무와 객실 '운영'은 천지 차이다.

심지어 투자, 재테크 등 미래의 수익을 창출하는 일을 하는 분야의 전문가라고 할지라도 그 전문가들이 결과를 100% 예측하거나 만들 수는 없다. 단지 일반인과 비교해서 그 일을 주된 업으로 하고 있고 많은 정보와 노하우를 보유한 사람이라고 봐야 한다. 분양 전문가를 만날 때에는 '정보' 전문가를 만난다고 생각하자. 정보를 듣고 판단은 100% 투자자의 몫이다. 분양업자는 내가 손품, 발품을 팔아서 얻어야 할 정보를 미리 알고 있기 때문에, 그 정보와 함께 설명을 들으며 투자가치 판단은 결국 자기 스스로 하는 것이다. 정신 바짝 차리고 메모하면서 듣자. 아무 생각 없이 듣다 보면 나도 모르게 계약서에 서명하고 있을 수 있다.

'전문가'를 활용해야 하는 이유

일반인 입장에서 전문가를 활용하는 이유는 단순하다. 나보다 많은 지식, 정보, 경험이 있기 때문이다. 하지만 모든 책임은 결국 나, 즉 투자자가 부담하기 때문에 스스로 모두 전문가의 의견에 따르기보다는 전문가의 의견을 다 듣고 본인이 직접 최종 결정을 해야 한다. 분야를 막론하고 이렇게 접근하면 '최소한 아무것도 몰라서 전문가 말만 믿었다가 망했네'라는 한탄을 줄일 수 있다.

이미 우리는 주택시장에서 경험했다. 기사에 자주 의견을 내는 자칭 부동산 전문가라는 사람 말을 듣고 몇 년 전 집을 팔았는데, 지금은 그때 팔았던 가격이 그 집의 현재 전세가보다도 낮아진 사례도 많다. 예전에 살던 집으로 다시 가려면 재매수는커녕 전세로도 못 가는 것이다. 그런데 그때 부동산 하락을 강력히 예측한 전문가는 말을 바꾸어서 계속 방송이나 신문기사에 계속 의견을 내고 있다. 전문가라는 사람 말을 믿은 사람만 바보가 된 것이다. 자기 말에 100% 책임을 지는 전문가는 없다. 이유 불문하고 투자자가 100% 투자의 책임을 진다고 생각하자.

정보 더듬이를 잘 세워라

생숙은 상가, 건물처럼 개별성도 갖고 있다. 옆 건물 생숙 영업이 잘 안 되더라도 내 생숙은 대박이 날 가능성 또한 있다. 또 주택시장과 다르게 생숙은 분양 물건의 수가 상대적으로 적고 2021년 들어 다시 많이 지어지는 추세이기 때문에 데이터가 충분하지 않다. 이런 경우에는 차라리 관련 업계에 근무하는 분들의 도움이 절실하다. 판단은 내가 하지만, 최대한 분양업자와 분양 홍보관을 활용해야 본인이 투자하려는 생숙에 대한 정확한 비교 판단이 가능하다.

신기하게도 생숙 투자에는 전문가가 따로 없다. 생숙은 최근에 와서야 비로소 분양이 활발해진 시장이기 때문이다. 그렇기 때문에 초기 생숙 시장에서 수익성이 있는 좋은 투자를 하기 위해서는, 수천 번 생각해도 후회하지 않고 다른 사람에게 자신 있게 왜 생숙에 투자했는지 논리적으로 말할 정도로 스스로 공부도 많이 해야 한다.

생숙은 아파트처럼 좋은 입지와 타이밍만 맞는다고 성공하는 시장이 아니다. 같은 지역, 같은 건물에 투자해도 어떤 위탁운영사와 계약할지, 어떻게 내 객실을 관리하고 홍보할지에 따라 수익률이 천차만별이다.

여기서는 생숙 투자를 쉽게 하기 위해서 분양업자와 전문가를 어떻게 만나고 어떤 상담을 하고 어떤 정보를 얻어야 하는지 구체적으로 소개하겠다.

믿을 만한 분양업자란

분양업자를 잘못 만나 투자금을 날린 경우를 많이 들어봤을 것이다. 좋은 분양업자를 만나야 제대로 된 정보를 얻을 수 있다. 이들은 분양업자란 직업에 자부심을 갖고 열정이 있으며, 정부 정책을 훤히 꿰고 있으면서 지역의 개발 상황과 교통을 비롯한 호재를 꿰뚫고 있는 사람이다.

자신이 팔려는 물건에 대한 장단점을 명확하고 분명하게 이야기해주고 계약자의 목적에 맞게 맞춤한 설명을 해줄 수 있어야 한다. 어느 고객에게든 무조건 사면 대박 난다고 하거나 무조건 분양을 부추기는 사람, 소액으로 투자가 가능하니 성공 확률 100%라고 밀어붙이는 분양업자는 조심해야 한다.

분양업의 특성상 계약자와 분양업자의 관계는 일회성이다. 계약 이후에 서로 연락을 하는 건 거의 쉽지 않다. 아무리 친한 분양업자라도 해당 물건의 분양이 끝나면 연락도 잘 안 될뿐더러, 연락을 피하는 경우도 많다. 공인중개업소처럼 사무실을 차려놓고 사업을 하는 게 아니라 몇 달 뒤 또는 몇 년 뒤 없어지는 분양 홍보관에서 계약기간 동안 생숙을 분양하는 업무를 주로 하기 때문이다.

그러다 보니 전문성 없이 한몫 잡아보려고 오는 분양업자도 더러 있다. 여러 명의 분양업자와 상담을 하다 보면 본인이 분양하는 분양 물건에 대해 자신감 있게 설명하는 전문가를 쉽게 찾을 수 있다. 다시 한번 강조하지만 모든 투자의 위험은 돈을 내는 투자자가 짊어진다. 영업 멘트만 듣고 분양을 받는 것은 주의해야 한다. 남 탓은 0.001%도 없다. 잘되면 전부 내 탓, 잘 안 돼도 모두 내 탓이다.

두 군데 이상의 업체를 방문하고 결정하라

분양업자가 상담 시 자신도 해당 물건을 분양받았다고 한다면 그 생숙은 신뢰해도 좋다. 신출내기가 아닌 경험 많은 분양업자가 자기가 분양하는 생숙을 샀다는 건 굉장히 좋은 시그널이다. 실제 분양업자가 계약했다면 직접 계약서와 입금확인서 등 계약자가 써야 하는 서류를 동일하게 갖고 있을 것이다. 이때는 분양업자에게 계약서를 좀 보여달라고 요청하자. 어떤 문구가 나와 있는지 궁금해서 그러니 보여달라고 요청하면 흔쾌히 보여줄 것이다. 분양 상담사는 기꺼이 브리핑을 하면서 서류를 공개할 것이다. 계약자이자 분양업자에게 브리핑을 받는다면 그 생숙의 가치와 안정성은 일차적으로 검증되었다고 봐도 무방하다.

생숙을 분양한 경험이 있는 분양업자의 브리핑은 신뢰도가 올라간다. 생숙 분양은 아직 활성화되지 않았기 때문에, 생숙만 전문으로 하는 분양업자는 많지 않다. 비록 아파트, 오피스텔, 상가 등 다른 물건을 분양하는 일을 오래 했던 분양업자라도 다양한 관점에서의 브리핑을 받으면 크게 도움이 된다. 자신의 경험담도 같이 곁들어 진행되는 브리핑은 성공, 실패 상황을 무료로 배울 수 있는 기회다.

최소 3년 이상의 분양업 경력이 있는 사람에게 브리핑을 받고 투자에 관한 의견을 물어보면 좋다. 하지만 한 사람의 말만 듣고 결정을 하기보다는 반드시 두 군데 이상의 시행사, 여러 명의 분양업자에게 브리핑을 받아봐야 한다. 특히 가까운 거리에 생숙 분양업체가 두 군데 있다면 양쪽 다 브리핑을 들어봐야 한다. 생숙 A, 생숙 B 두 군데가 각각 어떤 강점을 어떻게 부각시키는지 비교해 보는 일이 생숙 투자를 결정하는 데 큰 도움이 될 수 있다.

다른 모델 하우스에서 다른 생숙을 분양하는 분양업자에게 경쟁하는 생숙에 대해 어떻게 생각하는지 물어봐서 정보를 얻어야 하는 이유는 장점보다 단점이나 위험성을 파악하기 위해서다. A, B 분양업자 모두 장점을 기가 막히게 말하지만, 정작 자신의 생숙에 대한 단점은 말하지 않는다. 그 단점을 듣기 위해 비교해서 정보를 수집해야 한다.

내 경험을 비추어보면, 좋은 분양업자, 계약자의 입장에서 생각하고 '정직하게' 일을 하는 것을 중요한 가치수단으로 생각하는 분양업자는 홍보물의 내용 중에 실제와 맞지 않는 부분을 상세히 설명해준다. 그리고 홍보물에 없는 좋은 정보도 찾아서 알려준다. 생숙을 통한 수익을 얻기 전에 굉장히 유능하고 정직한 분양업자를 알게 되면 심리적으로 든든하다. 결국은 사람이 하는 일이라서 믿고 신뢰할 수 있는 분양업자가 있다면 같이 고민해주고 해결하려고 노력도 해준다.

분양업자가 조언하는 좋은 생숙 고르기

요즘 분양업자들은 생숙 투자 시 객실 수가 많을수록 좋은 생숙이라고 설명한다. 500객실 정도면 굉장히 큰 규모라고 조언하고 있다. 이유는 건물관리비에 있다. 생숙 투자에서는 위탁운영 업체의 운영 능력과 위탁운영 수수료, 건물관리비가 투자의 성패를 결정하는데, 분양업자의 입장에서는 건물관리비를 절감할 수 있는 생숙을 추천한다. 왜냐하면 건물관리비는 객실 수익이 나든 안 나든 간에 필수적으로 지불해야 하는 비용이기 때문이다. 업체마다 인력 운영에 차이가 있지만, 이해를 돕고자 간단한 사례를 만들어 보았다.

100객실의 A 생숙 고정 인력이 15명이라고 치자. 1인당 인건비를 월 300만 원(지역마다 편차가 크다)으로 계산하면 매월 4,500만 원의 인건비가 나오고 100세대가 나누어서 내면 한 달에 45만 원을 납부해야 한다. 이런 상황에서 300객실의 B 생숙 고정 인력은 100객실의 3배인 45 명이 아니라, 최소 필수 고정인력 15명(100세대 기준)에서 추가로 5명 정도만 충원된(업체마다 차이가 있다) 20명으로 건물 관리가 가능하다.

건물(시설) 관리 인원은 크게 늘지 않는다. (건물관리 업체와 위탁운영업체가 같은 경우) 주로 증가한 5명(업체마다 차이가 있다)은 객실 청소/위생 담당 인력이다. 인건비는 월 1,500만 원(5명×월 300만 원)이고 300세대가 나누어 내면 한 달에 5만 원이 추가될 뿐이다.

단순히 요약해보면, 100객실을 관리하는 고정 인력 15명의 인건비를 객실 소유주가 나누어내면 월 45만 원을 부담한다. 300객실을 관리하는 고정 인력 20명의 인건비를 객실 소유주가 나누어내면 월 20만 원을 부담한다. 생숙도 아파트와 마찬가지로 세대수가 무조건 많아야 관리비를 절약할 수 있다

내가 있는 생숙은 객실 수가 563실이다. 생숙 치고는 굉장히 큰 규모다. 실제 내 생숙의 일반관리비(인건비)는 월 8만 원 정도다. 이마저도 소유자들은 고정 관리비를 절감하기 위해 노력 중이다. 분양업자도 이 사실을 잘 알기 때문에 객실 수가 많은 생숙을 추천한다.

자신에게 맞는
자본 비율로 투자하라

안전추구형 투자자라면 자기자본 30%로 구성하자

아파트든 상가든 오피스텔이든 부동산에서 가장 중요한 것은 자기 수준에 맞는 투자를 하는 일일 것이다. 특히 자기에게 맞는 적정 대출 선을 정하는 것이 매우 중요하다. 무리하게 투자하는 것은 미래 자신의 현금흐름을 매우 힘들게 할 가능성이 높기 때문이다. 특히 생숙은 대출 금액 면에서 오피스텔이나 상가보다 담보 인정 비율이 상대적으로 낮아 이 점에 주의해야 한다.

오피스텔, 상가는 최대 80%까지도 대출이 나오지만 생숙은 분양가 기준으로 50~60% 정도에서 대출금이 정해지는 경우가 많다. 대출금액이 적은 이유는 생숙을 금융기관에서 고위험 자산으로 취급하기 때문에 담보로 인정되는 비율이 적기 때문이다.

생숙은 대출 가능 비율은 적지만 투자 금액 측면에서 절대적으로 작기 때문에, 정확히 투자금을 계산하지 않으면 얼떨결에 바로 그 자리에서 2~3객실을 계약하는 경우도 많다. 계약금의 10%만 내면 되기 때문에 대부분 1,000만~2,000만 원 사이의 계약금만 이체하면 2억 이하의 생숙 1객실을 살 수 있기 때문이다.

앞에서 생숙을 내 돈 0원으로도 사는 방법을 소개하긴 했지만, 원칙적으로 분양가의 30%는 내 돈으로 납부한다는 생각을 하는 게 좋다. 가장 큰 이유는 한 번에 덜컥 여러 객실을 충동적으로 분양받을 수 있기 때문이다. 나는 실제 분양사무소에서 이런 사례를 많이 보고 들었다. 계약금 약 3,000만 원으로 3객실을 살 수 있고 고수익을 얻을 수 있다는 분양업자의 말만 듣고 본인 자산과 현금흐름을 전혀 고려하지 않고 사는 경우 말이다. 이 경우 나중에 잔금 납부 시점에 3객실 중에 1객실은 잔금을 못 내서 계약금을 고스란히 날리게 된다. 순간의 충동으로 1,000만 원 가까이 손실을 볼 수 있다. 실제로 빈번하게 발생한다.

잔금 지급일까지의 현금흐름을 미리 계산하자

생숙을 분양받았다면 분양받은 날로부터 잔금 지급일까지의 현금흐름을 미리 계산해야 한다. 주로 60대 이후 어르신, 부동산투자를 생전 처음 해보는 사람, 잘 모르지만 수익이 좋다는 말을 듣고 덜컥 계약하는 계약자들 가운데 이 부분을 고려하지 않고 있다가 나중에 낭패를 보는 사람을 많이 보았다.

이들은 대개 계약금만 내고 잔금 지급은 전혀 고려하지 않고 있다가 건물 준공 후 잔금 지급 안내를 받으면 그때야 허겁지겁 자금 마련 계획을 세우느라 바쁜 경우가 많다. 어떤 분은 대출이 다 된다는 말만 듣고(나중에 어디서 들었는지 물어보면 출처도 잘 모르는 경우가 허다하다) 샀기에 잔금을 준비해야 하는 사실을 몰랐다고 하는 일도 있다.

만약 잔금을 마련하지 못하면 계약금 10%는 그냥 날리게 된다. 1,000만~2,000만 원의 돈이 그냥 허공에서 사라지는 것이다. 비싼 수업료라기 하기엔 너무 속상하고 안타깝다.

생숙 투자로 프리미엄받고 중간에 파는 전략은 버리자

생숙에 투자할 때 중간에 프리미엄(일명 피)을 받고 팔려고 마음 먹고 투자하는 사람이 있다. 그런데 이 전략은 수도권에 있는 생숙에만 가능하다는 점을 명심해야 한다. 이런 전략은 정부 정책으로 주소 이전을 가능하게 해줄 경우에만 가능하다.

만약 법이 개정되어 주소지 이전을 못 하게 되면 마이너스 프리미엄이 붙을 수 있다. 최근 주택 시장의 과열로 생숙이 정책적으로 많이 완화되었다. 2021년 11월 기준으로 현재 타이밍에서는 프리미엄이 가능하지만, 언제든 손바닥 뒤집듯이 정책이 바뀔 수 있으니 상당히 주의해야 한다.

수도권 밖에 있는 생숙 투자는 프리미엄을 전혀 기대하지 말아야 한다. 특히 최근 몇 년간은 분양 후에 마이너스 프리미엄이 붙어 있는 경우도 있다. 앞으로 코로나19 상황이 개선되는 게 가시화될 때, 좀 더 현실적으로 말하면 초중고 학생들이 정상적으로 학교에 등하교하게 되는 시점이 생숙을 포함한 여행, 숙박 업계가 폭발적으로 가치를 인정받는 순간이다. 이 시점이 온다고 생각하고 생숙 투자를 하는 것이다.

분양을 받는 것을 고려하는 예비 투자자는 코로나19 걱정을 상대적으로 덜 해도 된다. 사업장의 규모에 따라 차이가 있지만, 분양 시점부터 건물 준공 시점까지 대략 2년 정도 걸린다. 지금부터 2년 뒤에는 최소한 코로나19로 인한 업계의 침체가 조금은 개선될 것이다. 기존에 이미 분양을 받은 투자자라면, 자신의 객실 수익률을 꾸준히 높게 만드는 방법에 대해 연구해야 한다. 생숙의 목적은 분명하다. 애지중지 내 객실을 꾸준히 관리해서 객실 수익금이 많이 나오게 하면, 매매가가 연동되어 같이 올라간다.

1개부터 시작하자

나는 생숙이야말로 리스크가 거의 없는 투자라고 판단한다. 왜냐하면 생숙 하나에 투자했다가 잘 안 되더라도 인생이 망하거나 극단적인 경제적 실패를 겪지 않기 때문이다. 월세 수입 목적의 생숙은 대부분 2억 원 이하다. 20대 이후부터 일을 시작하면 평균 기대수명 전에는 2억 원을 벌 수 있다. 2억 원을 저축만으로 버는 건 쉽지 않지만, 최소한 1억~2억 원을 대출받았을 때 갚아야 하는 월 이자 25만~50만 원(3% 가정)은 의지만 있다면 소비 패턴을 조절해 서도 충분히 줄일 수 있다. 그래서 리스크가 없다고 나는 생각한 다. 잘 관리한다면 자기자본 대비 연 10% 이상의 수익률도 달성할 수 있으니 충분히 해볼 만하다.

그리고 생숙은 원금을 내지 않고 이자만 납부한다. 아파트 등을 사기 위해서는 주택 담보대출을 활용한다. 대출금을 상환할 때 원 금과 이자를 모두 납부해야 한다. 하지만 생숙은 이자만 낸다. 원 금은 계속 가지고 가는 것이다. 현금흐름 관리 측면에서 생숙을 통 한 담보대출은 주택 담보대출보다 훨씬 유리하다.

간단하게 계산해보겠다. 주택 담보대출로 1억 원을 빌리고 20년 만기 연 이자율 3%로 가정할 경우, 대출원금은 1억 원, 총 대출이 자는 33,103,423원이다. 총 133,103,423원을 20년 동안 납부해야 한다.

:: 주담대 대출: 원금, 이자 동시 상환 ::

	1개월 차	2개월 차	3개월 차	4개월 차	5개월 차	6개월 차
원금	304,598원	305,359원	306,123원	306,888원	307,655원	308,425원
이자	250,000원	249,239원	248,475원	247,710원	246,943원	246,173원
총금액	554,598원	554,598원	554,598원	554,598원	554,598원	554,598원

1회 차 상환금액은 월 554,598원이고 납입 원금 304,598원에 대출이자는 25만 원으로 구성이 된다. 납입원금과 대출이자는 조

금씩 변동되지만, 20년 동안 매월 554,598원을 납부해야 한다.

반면 생숙은 주택 물건이 아니기 때문에 담보대출 상품을 이용한다. 담보대출로 1억 원을 빌리고, 5년 만기 연 이자율 3%로 가정할 경우를 살펴보자.

1억 원의 3% 이자는 1년에 300만 원이다. 한 달 25만 원이다. 생숙을 통해 대출을 받는 경우, 이자 25만 원만 계속 납부하면 된다. 주택 담보대출로 같은 조건으로 대출을 받은 경우 554,598원과 비교하면 생숙의 25만 원은 현금흐름 관리 측면에서 엄청난 차이가 난다.

:: 사업자 대출: 이자만 상환 ::

	1개월 차	2개월 차	3개월 차	4개월 차	5개월 차	6개월 차
원금	–	–	–	–	–	–
이자	250,000원	250,000원	250,000원	250,000원	250,000원	250,000원
총금액	250,000원	250,000원	250,000원	250,000원	250,000원	250,000원

생숙 2객실을 사서 자기자본 대비 연 10% 이상의 수익률을 달성하다면, 매월 다달이 오는 현금흐름은 생활에 큰 도움을 준다. 비단 생숙뿐만 아니라 공동주택법에 적용을 받는 주택이 아닌 물건들, 예를 들면 오피스텔의 경우도 생숙처럼 대출받을 때 이자만 납부한다. 요즘에 방 2개 이상의 중대형 오피스텔 가격이 1~2년 사이에 폭등하고 있는 이유 중의 하나도 이것 때문이다. 아파트의 가격과 연동된 부분도 있지만, 원금상환 없이 이자만 납부하는 거

치식 상환이 가능한 이유도 있다. 아파트 공급이 지금처럼 계속 막혀 있는 상황에서는 이런 종류의 부동산은 장기간 지속적으로 상승할 것이라고 본다.

객실당 단가를 파악하고 투자하라

모든 조건이 동일할 때 가격이 5만 원인 객실과 10만 원인 객실이 있다면 어디에 투자할 것인가? 당연히 10만 원이다. 가장 객관적인 자료를 볼 수 있는 사이트는 에어비앤비다. 생숙이 위치한 지역의 상황에 따라 가격의 변동 폭이 다른 국내 일반 채널에 비해 상대적으로 빠른 편이다. 특정 기간을 보기보다는 바로 앱을 켜서 내가 사려는 생숙의 인근에 위치한 숙박시설과 가격대 추이를 대략적으로 확인하면 된다.

중요한 건 분양 홍보관에서 홍보용으로 만든 모든 수치는 사회 분위기가 굉장히 낙관적일 때 가장 잘 나올 수 있는 수익률을 활용하는 경우가 많다. 그래서 참고할 필요가 없다. 직접 스마트폰으로 확인하는 것이 가장 정확하다. 돈을 지불하는 사람이 직접 조사해야 한다. 거듭 말한다. 모든 투자 책임은 투자자에게 있다.

위탁운영 업체 선택이 투자 성공의 90%를 결정한다

1국민 1생숙, 얼마든지 가능하다

생숙에 투자해 성공하려면 소유와 힐링, 월세 수익과 시세차익 모두 다 잡는다는 생각으로 투자를 결정하는 게 중요하다. 이 모든 조건이 가능하냐고? 가능하다. 생숙이기에 그렇다.

생숙 투자의 키워드는 자가 소유, 자가 사용, 월수입, 시세차익 이 4가지다. 시세차익은 미리부터 고민할 필요가 없다. 만약 생숙에서 월별 수익이 많이 나면 자연스럽게 그 데이터에 의해 매매가의 상승폭이 결정되기 때문이다.

예전에 '배달의 민족'에서 '1인 1통닭'이라는 광고를 한 적이 있었다. 그 광고를 보면서 '혼자서도 통닭 1마리를 다 먹을 수 있구나'라고 생각했다. 나는 그 전까지 두 명이서 통닭 한 마리를 먹어야 하는 줄 알았다. 그런데 어느 순간부터는 광고의 영향인지 '1인

1통닭'이라는 말이 자연스럽게 받아들여졌다.

생숙도 현재 '1국민 1생숙'이라는 생각이 들 정도로 많은 투자자가 매수하고 있다. 대한민국에서 안정적인 고수익 월 배당 상품으로 계속 각광받을 것이다. 그래서 코로나19가 아직 끝나지 않은 이 상황에서 분양은 몇 년 뒤에 매도차익을 볼 수 있는 생숙도 많아질 것이다. 지금이 가격적인 면에서 매수 기회라고 과감하게 말할 수 있다.

지친 삶에서의 회복이 필요할 때는 내 자산, 내 생숙, 내 객실에서 마음 편히 머물다 갈 수 있는 공간을 주기도 한다. 하루에 100만 원 하는 값비싼 호텔이라도 내 집에서 편하게 발 뻗고 자는 안락함을 주지는 못한다. 신기하게도 생숙을 사게 되면, 무언가 나만 알고 있는 비밀 아지트를 갖는 것과 같은 느낌이 든다. 내 객실이기 때문에 예약이 안 되어 있다면 언제든지 새벽이라도 예약하고 한 걸음에 달려가 쉬고 올 수 있는 그런 공간이다.

사회가 점점 각박해질수록 이렇게 짧게라도 잠시 쉬고 올 수 있는 아지트의 수요와 가치는 계속 증가할 것이라고 과감하게 예상해본다. 투자 자산에서 생숙을 투자 포트폴리오로 생각하고 투자하는 분들의 수가 꾸준히 늘어날 것이다. 이제 좋은 입지에 지어지는 생숙의 수는 점점 줄어들고 있다. 입지는 먼저 선점하는 자가 가져간다. 만약 조금이라도 궁금하거나 뭔가 해야 한다는 생각이 들면 지금 바로 분양 홍보관에 방문해보길 바란다. 이미 다른 사람들은 발 빠르게 움직이고 있었음을 경험하게 될 것이다.

전문가에게 맡겨라

어느 분야든 전문가가 있기 마련이다. 의료 분야에서는 의사, 간호사, 법률 분야에서는 변호사, 건축 분야에서는 기술사, IT 분야에서는 개발자 등 각자 맡은 직책에 따라 고도의 지식과 노하우를 겸비한 이들이다. 그래서 일반인들은 이들에게 돈을 지불하고 일을 맡긴다. 그런데 돈을 지불하면서도 이들을 신뢰하지 못한다면 어떻게 될까? 돈은 돈대로 나가고, 서비스는 서비스대로 못 받고, 결국 자기가 나서서 직접 해당 전문 분야를 맨땅에 헤딩하는 방법으로 부딪히면서 해결해야 할 것이다. 그리고 그 결과는 결코 밝다고 장담할 수 없다.

생숙의 성패를 좌우하는 것은 위탁운영 업체다(위탁운영 업체에 대해서는 4장에서 구체적이고 상세하게 다루었다). 그리고 위탁운영업계도 엄연히 전문 영역이기 때문에 전문가를 만나야 한다. 위탁운영업은 하는 일이 힘들고 일의 영역도 광범위하다. 숙박업계 종사자들은 강도 높은 정신력과 체력이 필요하기 때문에 자기 관리도 철저하다. 스스로 의미를 부여하고 목적의식을 갖지 않고서는 어지간해서는 버티기 힘들기 때문에 5년, 10년 이상의 경력자도 쉽게 찾기 힘들다.

그런데 일반 생숙 계약자는 이러한 상황을 제대로 알지 못한다. 위탁운영 업체가 가만히 앉아서 예약을 받고, 청소만 해주는 줄 아는데 그건 큰 오산이다. 위탁운영 업체는 예약을 받기 위해 마케팅 전략을 짜고 기획을 한다. 그리고 효율성을 따져서 가성비를 고려해 실시간 수작업으로 셀 수 없을 만큼 많은 데이터와 변수를 조정한다. 청소의 경우 객실 청소 전문가 1명이 청소 아르바이트 3명 이상의 일을 한다. 심지어 알바생이 미처 보지 못한 부분도 꼼꼼히 체크해 관리한다.

객실 하나 청소하는 데 얼마의 시간이 필요할까? 성수기에는 20분, 비수기에는 30분 이내다. 평범한 사람이 자기 방 청소를 한다고 치자. 엄마가 인정할 정도로 정말 깨끗하게 하기 위해서는 얼마의 시간이 필요할까? 내 경험상 2시간을 해도 엄마 눈에는 보이는 먼지와 정리가 안 된 부분이 다 드러난다.

청결 상태는 굉장히 중요하기 때문에 위탁운영 업체를 통한 전문가의 서비스가 필요하다. 간혹 청소에는 자신 있다며 직접 자기 객실을 청소하겠다고 나서는 소유자들이 있다. 의도는 객실 청소비를 줄여서 수익을 조금이라도 높이려는 것인데, 열에 아홉은 몇 달 내로 몸에 병이 들어서 병원비가 더 많이 나온다. 집 청소와 객실 청소는 차원이 다르다. 자기 객실 한 곳만 청소하려 해도 성수기에는 몸이 망가질 정도로 힘들다는 점을 명심하자.

객실 청결 관리는 가성비를 따져 확실하게

전문성 있는 청소 인력을 확보하는 것은 매우 중요하다. 문제는 청소 인력이 갑의 위치에 있다는 점이다. 서울 수도권에서는 청소 인력 수급이 원활하지만, 그 외의 관광지역에서는 쉽지가 않다. 조금만 청소 보수가 비싼 곳이 나오면 금방 옮겨간다. 그래서 울며 겨자 먹기로 청소 인력에 많은 급여를 주는 위탁운영 업체가 많다. 표면적으로는 위탁운영 업체가 비용을 지불하지만 이는 결국 객실의 수익성과도 직결된다.

객실 청소를 담당하는 분들도 사람이다 보니, 돈도 돈이지만 위탁운영 업체와의 관계성을 중요하게 생각한다. 급여가 적더라도 꼬박꼬박 챙겨주고, 청소 인력에 대해 예우를 갖추고 대우해주는 업체와 일하기를 선호한다. 이렇게 하는 건 전적으로 위탁운영 업체의 능력이다. 현지에서 업무 경험이 많은 전문가가 포진되어 있다면 유능한 청소 인력 관리와 수급에도 능통하다.

만약 청소 인력이 수시로 입사와 퇴사를 반복한다면, 해당 위탁운영 업체의 운영 능력을 고민해봐야 한다. 객실 상태가 좋지 않아서 숙박객이 안 좋은 별점과 후기를 남기면 수익에 정말 치명타다. 단순히 기분이 안 좋다 정도가 아니라 후기의 평가를 중요하게 여기는 숙박객으로부터 객실예약을 받기 어려워질 수 있기 때문이다. 따라서 객실 관리는 가성비를 따져서 하되, 확실하게 청결도를 유지하도록 꼼꼼히 체크해야 한다.

위탁운영 업체 선택할 때 이것만은 명심하자

내가 생숙 투자자에게 꼭 강조하고 싶은 것이 있는데, 바로 '위탁운영 업체 선택이 투자 성공의 90%를 결정한다'는 것이다. 앞에서 여러 가지 노하우를 썼지만, 이는 투자 성공의 10% 정도밖에 영향을 주지 않는다. 90%는 고수익을 벌어다주는 위탁운영 업체를 선정해서 일을 맡기는 것이다.

여러 번 강조했듯이 같은 건물에도 생숙 객실마다 수익이 다르다. 위탁운영 업체가 다르기 때문이다. 이 부분은 너무 중요하기에 4장에서 상세히 설명했다. 여기서는 핵심적인 부분만 정리해서 위탁운영 업체의 조건을 소개하겠다.

첫째, 계약자와 위탁운영 업체가 서로 상생할 수 있는 사업 구조여야 한다. 위탁운영 업체의 매출이 생숙 객실판매액과 연동되어야 함을 의미한다. 객실판매가 안 되면 위탁운영 업체에 주는 수수료가 줄어들게 해야 하고, 반대로 객실판매가 잘되면 위탁운영 업체가 가져가는 수수료가 올라갈 수 있게 만들어야 한다.

둘째, 위탁업체에 지급하는 고정 수수료를 0원으로 만들어야 한다. 객실예약이 0개라면 위탁운영 업체에 수수료를 지급하지 않아야 한다. 이는 생숙 소유자 입장에서는 유리하지만, 위탁운영 업체 입장에서는 굉장히 손해 보는 구조다. 객실예약이 0개라도 고용한 직원 인건비는 계속 나가기 때문이다. 하지만 진짜 실력 있는 위탁운영 업체는 객실예약이 0개라면 위탁운영비를 받지 않는다. 마치 유명 영화배우가 영화출연료를 전액 영화의 흥행성적에 따라 받는 조건으로 영화에 출연하는 것과 같은 의미다. 실력이 있고 자신이 있어야만 가능한 계약 조건이랄 수 있다.

셋째, 위탁운영 업체와 관리업체가 분리되어야 한다. 만약 위탁운영업과 관리업을 동시에 같이 한다면 위탁운영업으로 수익을 충분히 못 내는 부분은 관리업으로 메우는 경우가 생길 가능성이 매우 크다. 왜냐하면 위탁운영 업체 입장에서는 위탁운영 수수료는 객실을 잘 팔아야 받아갈 수 있는 반면에 관리업은 매달 관리비를 영업과 상관없이 (물론 숙박객이 사용하는 실제 전기, 상하수도 요금에 반영되기는 한다) 부과할 수 있기 때문이다.

또한 위탁운영업과 관리업체가 분리되어 있으면 후발 위탁운영 업체로서 기존 생숙 건물에 위탁운영 업무를 시작하기도 큰 문제가 없다. 하지만 위탁운영과 관리업무를 같이 하는 위탁운영 업체의 경우는, 기존에 건물에서 위탁운영과 건물관리를 같이 하던 다른 위탁운영사와 갈등이 생기기도 한다.

기존의 위탁운영 업체가 있는 생숙 건물에 추가로 들어오는 위탁운영 업체를 선택할 때, 예약, 객실 청결 관리 등 생숙의 '운영' 분야에 전문성을 갖고 있는 업체를 선택한다면, 구조적으로 기존의 위탁운영 업체와의 갈등이 발생할 가능이 줄어든다. 그렇지 않으면 기존에 이미 시행사를 통해 계약한 위탁운영 업체(건물관리+객실 위탁운영)와의 갈등의 불 보듯 뻔하다. 이 갈등은 계약자들의 이해관계도 얽혀 있어서 수시로 생숙 관련된 공지사항을 확인해야 한다. 이미 생숙 건물이 신축되어 시행사를 통해 선정된 위탁운영 업체가 있다면, 차라리 객실예약, 청소를 위주로 업무를 하는 위탁운영 업체를 이용하는 것이 가장 속 편하다.

만약 기존에 건물의 관리업체 A가 있는 상황에서, 위탁운영업만 하는 위탁운영 업체 B와 관리업과 위탁운영업을 모두 하는 위탁운영 업체 C가 있을 때 어떤 상황이 발생할까? A와 C의 업체로부터 관리업을 담당하는 인원이 중복된다. C 업체의 계약자는 기존 A 업체가 부과하는 관리비를 납부해야 할 뿐만 아니라, C 업체

:: 관리비 납입영수증(입주자용) ::

항 목	금 액	구분	항 목	금 액	구분
일반관리비	84,440	과	전력기금	780	비
일반관리비(비)	100	비	세대수도료	16,640	비
청소비(과)	500	과	공동수도료	440	비
청소비(비)	60	비			
수선유지비	510	과			
소독비	840	비			
승강기유지비	1,780	과			
인터넷요금	10,780	과			
보험료	1,870	비			
기본전기료	6,230	과			
세대전기료	10,050	과			
공동전기료	7,710	과			
TV수신료	2,500	비			
공급가액	110,910				
부 가 세	11,090		비 과 세	23,230	
과 세 합	122,000		기타항목	0	
납부기한 2021년 11월 22일					

당월부과액계	145,230	납기내금액	145,230
미 납 액	0	납기후연체료	0
미납연체료	0	납기후금액	145,230

* 도시가스비는 별도 고지됨. 한 달 평균 약 18,413원.

가 부과하는 관리비도 납부해야 한다. 수익률에 큰 악영향을 줄 뿐만 아니라 고정비가 2배로 증가하게 된다. 반면 위탁운영업만 하는 B 업체의 계약자는 중복된 관리비 납부를 피할 수 있다.

앞 페이지의 표는 2021년 10월의 실제 관리비 청구 내역이다. 관리비 내역서를 보면 숙박객이 사용해 지불하는 비용은 세대전기료 10,050원, 세대 수도료 16,640원이다. 총 26,690원이다. 전체 관리비 145,230원에서 약 18%밖에 안 된다. 나머지 82%는 객실판매와 관계없이 고정으로 부과되는 비용이다. 위탁운영 업체가 가능하면 관리업까지 하려는 이유가 바로 이것이다.

수분양자(소유자)끼리 뭉쳐 관리비 줄이자

관리비는 소유자끼리 머리를 맞댈수록 줄어들 여지가 커진다. 법적으로 건물이 준공할 때 시행사에서 일단 건물관리를 담당할 임시 관리업체를 선정해서 건물관리를 맡긴다. 많은 경우 이 관리업체가 계속 그 건물을 관리한다. 왜냐하면 정식으로 관리업체를 선임하기 위해서는 관리단 집회를 통해 관리업체 선정을 위한 전체 수분양자들에게 상황을 고지하고 3/4 이상의 찬성표를 얻어야 하는데, 현실적으로 이것이 굉장히 어려운 작업이기 때문이다. 그래서 관리단 집회 개최가 거의 불가능하기 때문에 처음에 시행사를 통해 들어온 임시 건물관리 업체가 이후에도 계속 건물을 관리하는 경우가 많다. 관리단 집회는 앞의 관리비 고지서의 비용과 관

련이 있다(관리단 집회에 관해서는 4장 '내 생숙을 위한 법적 권리를 파악하라'
를 참조).

　문제점은 관리업체를 관리·감독할 수 있는 공식적인 사람이나
기관이 없다는 점이다. 전부 자체적으로 해야 한다. 그래서 관리
비가 굉장히 많이 부과되기도 한다. 하지만 계약자들이 합심해 관
리단 집회를 개최해 계약자들이 직접 관리업체를 선정한다면 관
리비를 절감할 수 있다. 일반관리비의 대부분을 차지하는 인건비
도 필수 인력만 구성할 것이고, 꼭 필요한 유지, 보수 작업에만 돈
을 쓰려고 할 것이기 때문이다. 시행사를 통해 건물관리 업무를 맞
는 업체도 투명하게만 운영되면 좋겠지만, 대부분 수분양자가 접
근할 수 있는 정보는 제한되어 있다. 반면 같은 수분양자에서 선
정한 관리업체는 수분양자의 정보 접근 제한을 상대적으로 엄격
하게 하지 않는다. 이 경우 일반적으로 관리인이 있고 그 관리인은
수분양자의 대표로서의 성격을 갖기 때문에 관리업체는 현실적으
로 관리인의 정보 접근을 제한할 수 없다.

수익성 분석은 위탁운영계약서로

　나는 생숙에 투자를 하면서 위탁운영 업체의 계약서를 살펴보
고 수정·보완하는 역할을 맡았었는데, 그때 위탁운영계약서를 처
음부터 끝까지 토시 하나 빠지지 않고 분석했다. 일부 문구는 직접
위탁운영업 대표에게 수정을 요청해서 계약자에게 유리한 조건을

반영했다. 그때 여러 위탁운영 업체의 위탁운영계약서를 비교, 분석하면서 장단점을 파악하게 되었다. 여러 경로로 시중에 유명한 회사들의 위탁운영계약서를 받고 분석하면서 굉장히 놀랐던 적이 있다. 위탁운영계약서의 문구와 내용이 표준화되어 있지 않았기 때문이다. 전체적인 큰 틀은 유사하더라도 각론에 들어가게 되면 위탁운영 업체가 어떤 의도를 갖고 계약서를 만들었는지 파악이 됐다. 철저하게 투자자로서, 생숙 계약자로서 과연 위탁운영 업체가 계약자에게 리스크를 최소화하면서 수익을 벌어다줄 수 있는 업체인지를 알 수 있게 되었다.

요즘에는 위탁운영 업체가 어떤지 알아봐달라고 하면 홈페이지나 브로셔 등의 마케팅 자료 대신 위탁운영계약서를 꼼꼼히 확인한다. 계약서 내에서 중요한 몇 개의 항목과 조항만 확인하면 해당 업체를 파악할 수 있다(구체적인 내용은 4장 '내게 유리한 위탁운영 업체를 고르고 계약하라'에 상세히 설명했다). 마치 환자의 의료기록표를 보면서 지금 어디가 아픈지, 앞으로 어디가 아플 수 있을지 아는 것과 같다. 이제는 위탁운영계약서만 보고도 앞으로 어떤 일이 벌어질지 거의 정확히 예측하게 됐다. 또한 계약자에게 돈을 벌어다주는 위탁운영업의 모범적인 사업 모델도 발견했다.

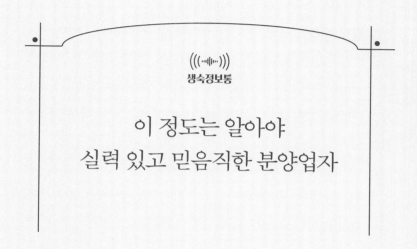

생숙정보통

이 정도는 알아야
실력 있고 믿음직한 분양업자

분양업자를 만나 상담할 때 꼭 해야 할 필수 질문 몇 가지를 추렸다. 실력 있는 분양업자가 해줄 법한 답변도 정리해 실었다.

이 생숙에 투자하셨어요?

만약 분양업자도 투자했다면 꽤 좋은 투자 물건이다. 그만큼 분양업자도 확신이 있기 때문이다. 하지만 분양업자가 투자를 잘한다고는 말할 수 없다. 단순히 '투자하기 괜찮은 생숙이구나' 정도로만 생각하자.

위탁운영 업체의 수익 구조에 대해 설명해주세요

분양업자가 이 질문에 자신 있게 설명해준다면 믿을 수 있는 분양업자라고 할 수 있다. 만약 분양업자가 위탁운영 업체의 수익구조, 위탁운영업과 관리업이 왜 분리되어야 하는지에 대한 질문에 답을 못 한다면, 다른 상담사와 상담하는 게 좋다.

위탁운영 업체는 크게 고정적으로 위탁운영 수수료가 발생하는 업체와 그렇지 않은 업체로 나뉜다. 내가 속한 위탁운영 업체는 객실을 팔아야 위탁수수료를 가져간다. 만약 하나도 못 팔았다면 수수료도 가져갈 수 없다. 이런 비즈니스 모델을 갖고 있는 위탁운영 업체는 전국에서 몇 개 없다. 앞으로는 변화하는 여행, 숙박 트렌드에 맞추어서 위의 비즈니스 모델의 위탁운영 업체만이 생숙에서 살아남을 것 같다. 생숙은 여행에서 편안한 숙박의 기능에 중점을 두고 있기 때문이다. 숙박과 함께 편의시설과 서비스를 받을 수 있는 고급 호텔과는 분명하게 구분이 된다. 생숙을 분양하는 담당자도 이 차이를 분명히 인식하고 브리핑을 해주어야 한다.

대부분의 위탁운영 업체는 위탁운영업과 관리업무를 동시에 한다. 이 경우 위탁운영업에서는 수익이 안 나면 수수료를 부과하지 않는다고 하면서도, 관리업무를 통해 최소한의 마진율은 가져간다. 결국 순수히 위탁운영만 하는 위탁운영 업체는 실제로 거의 없다고 생각하면 된다. 명심하자. 실력이 좋은 위탁운영 업체는 위탁운영 업무만 한다.

쉬운 예를 들어보자. 코로나19 상황에서도 객실판매를 굉장히 잘하는 예약 전문가에게 사무실 청소, 사무용품 재고 관리, 주문 업무를 맡기는 게 좋은가, 아니면 예약 전문가가 객실을 하나라도 더 팔게 계속 예약 업무를 맡기는 게 좋은가? 어느 사업이든 마찬가지다. 손익계산서의 맨 윗단인 매출액이 나와야 회계상의 모든 숫자가 순조롭게 만들어진다. 매출액 숫자가 작게 나오면 그 이하의 숫자는 큰 의미가 없다.

위탁운영 업체는 반드시 분양사무실에서 지정한 업체만 선택해야 하나요?

만약 생숙을 분양받으려는데 분양업체에서 자기들이 관리하는 위탁운영 업체를 계약해야만 분양이 가능하다고 한다면 그 생숙은 그 분양사무소에서 계약하면 안 된다. 그때는 차라리 인터넷으로 검색해서 해당 생숙의 소유자에게 직접 연락 또는 해당 생숙이 위치한 부동산에 문의해서 실제 건설사를 통해 예약하는 것이 좋다. 분양사 위탁운영 업체를 강제화해서 분양을 강요할 수는 없다. 분양계약과 위탁운영계약은 엄연히 별개이기 때문이다. 또한 이는 수분양자의 선택권을 제한하는 행위이기 때문이다. 분양 계약서 내에 위탁운영계약서가 포함이 되어 있어서 분양과 위탁운영 업체가 하나의 계약으로 묶어놓은 생숙은 심사숙고해야 한다. 쉽게 설명하자면, 분양은 투자자 입장에서 '매장 구입'이고 위탁운영 업체는 '점원 고용'과 같다. 내가 장사하려고 상가를 사는데, 특정한 직원을, 그것도 '강제' 고용하게 하는 건 비상식적이기 때문이다. 이런 조건의 생숙에 투자해서 운 좋게 수익이 많이 난다고 치더라도, 매매가 거의 불가능할 것이다. 누가 매장을 살 때 직원 고용까지도 책임져서 사겠는가? 생숙을 매입할 때 이미 운영과 매도까지 고려해봐야 하는 것이 현명한 투자다.

기본적으로는 분양계약서(매장 구입), 위탁운영계약서(매장 직원 채용)는 별도로 구분되어 있다. 처음에 잘 몰라서 분양업체에서 추천하는 위탁운영 업체와 계약했을지라도, 실제로 운영하기 전에는 언제든지 취소가 가능하다. 분양과 건물 준공 시간까지는 약 2년이 걸리고, 건물이 준공하기 6개월 전쯤에는 자연스럽게 소유자들이 서로 수소문해서 커뮤니티가 형성된다. 그때쯤에 위탁운영 업체를 재선정해도 된다. 실력 좋은 분양업자라면 이런 부분도 설명할 수 있어야 한다.

어떤 대출을 활용해서 생숙에 투자하면 될까요?

대출에 대해 많은 정보를 알고 있는 분양업자는 굉장히 유능하다고 단언할 수 있다. 정책에 따라 가장 민감하게 변하기 때문에 부동산 업계에 대한 꾸준한 관심과 공부가 필수이기 때문이다. 물론 대출 관련 상담사를 통해 분양업자의 대출 관련 정보를 더블 체크하는 게 좋다. 혹시 모를 실수나 갑자기 변화된 정부 규제를 놓칠 수 있기 때문이다.

주택 담보대출이랑 상가나 건물 담보대출 중에 어떤 걸 이용하면 좋을까요?

이 질문은 대출에 대한 기본 개념을 파악하기 위해서 한다. 우물쭈물하거나 대출에 대해서는 잘 모른다고 하면 투자를 안 해봐서 투자에 대해 모르는 사람이라고 간주해도 된다. 일반적으로 주택 담보대출은 상환할 때 원금과 이자를 동시에 납부해야 하지만 상가, 건물, 오피스텔 등의 담보대출은 사업자대출로 보기 때문에 이자만 납부한다. 같은 금액을 대출받는다면 이자만 납부하는 사업자 대출이 유리하다. 정부 규제에 따라 일부 변할 수도 있기 때문에, 대출도 실제 진행할 때 반드시 대출상담사를 통해 진행하자.

3장

생활형
숙박시설
재테크
플랜

1단계:
어디로 임장을 갈지 정하라

임장, 꼭 해야 할까

부동산에서 임장이란 자신이 사고자 하는 물건을 현장에 가서 직접 보며 입지, 주변 환경, 시세 등을 전반적으로 알아보는 과정을 말한다. 임장을 해야 하는 이유는 명백하다. 바로 내 재산을 투자하는 일이기 때문이다.

모든 책임은 전부 투자자에게 귀속이 된다. 어쩌면 10년 이상을 가지고 있어야 할 부동산일 수도 있기 때문에 실제 현장에 방문해 봐야 한다. 5번을 가도 모자라다. 인터넷으로 충분히 조사했을지라도 인근 부동산에 들러서 개발 동향과 전망을 점검하고 현재 동향을 확인해야 한다. 직접 가서 보고, 듣고, 느껴야 한다.

보이스피싱 피해자들의 이야기를 들어보면 '설마 내가 보이스피싱 당할까?'라고 생각했다고 한다. 부동산도 마찬가지다. 오래

전 일이지만 기획부동산 말에 속아서 하루에 반은 바다에 잠기는 땅을 산 투자자도 있었다. 사탕발림에 속아서 분양업자, 지인을 철석같이 믿었기 때문이다. 자신의 명의로 부동산을 산다면 자신에게 100% 책임이 있다. 임장은 이처럼 부동산 매입에서 매우 중요한 근간이 되므로, 필수적이고도 매우 신중하게 처리해야 할 과정이라 할 것이다.

그렇다면 대한민국 전국 방방곡곡의 지역을 대상으로 모두 임장 활동을 해야 할까? 시간은 곧 돈이다. 그리고 시간은 나의 소중한 기회비용을 날릴 수도, 벌어줄 수도 있는 요소다. 따라서 임장을 가야 할 최소한의 마지노선은 정해놓고 시작해야 한다. 내가 생각하는 임장의 대상이 되는 조건은 다음 몇 가지로 추려진다.

매도차익을 기대할 수 있는 지역으로 가라

법인으로 부동산 단기 거래를 하지 않는 이상, 기본적으로 부동산은 최소 5년 이상 보유해야 한다는 생각을 해야 한다. 그렇기 때문에 꾸준히 가치가 상승할 지역에 투자해야 한다. 우리나라는 국토의 대부분이 산이다. 주거할 수 있는 지리적인 요건도 한정되어 있다. 그래서 부동산투자자로서는 투자해야 할 지역이 거의 정해져 있다고 볼 수 있다.

국토연구원에 따르면, 전체 국토의 약 11.81%에 전체 인구의 반 정도가 편중되어 있다고 한다. 우리는 이 인구가 쉽게 이동 가능한 지역을 찾으면 된다. 산골짜기 도로도 안 깔린 지역에 투자할 것인가? 대도시와 인접해서 차량으로 접근이 쉬운 지역에 투자할 것인가? 답은 나와 있다. 생숙 투자도 엄연한 부동산투자다. 대세의 흐름을 따르는 투자를 하면 매도차익도 기대할 수 있다.

가장 확실한 매도차익을 기대할 수 있는 조건을 꼽자면 1순위가 차로 갈 수 있는 도로 교통망이고, 2순위가 기차 등 철로다. 대규모 아파트 단지 개발, 정부 주도의 지식산업센터 개발 등도 호재로 볼 수 있지만, 교통 개발이 뒷받침해주지 않는 한 뒷심을 발휘하기 힘들다. 초기 분양 때만 장밋빛 전망으로 반짝일 뿐 순식간에 거품이 꺼진다.

2021년 4월 22일, 국토교통부는 '제4차 국가철도망 구축계획 공청회'에서 수도권 철도망 구축 계획을 논의했다. 이 공청회를 통해 전국적으로 총 43개의 신규 노선 사업을 계획안에 선정했다. 이 발표에 따라 철도망이 연결된 지역의 부동산 가격은 큰 폭으로 오르기도 했다.

도로교통망 계획을 보려면, 국토교통부의 도로관리과 도로건설과에서 생성된, 제5차 국도·국지도 건설계획(2021~2025년)을 보면 된다. 5년 단위로 도로건설 계획이 만들어진다. 이 다음은 제6차 국도·국지도 건설계획(2026~2030년)이다. 투자할 때는 멀리 있는 계획보다는 지금의 계획이 가장 좋다. 이 계획들의 사업 유형은 크게 3가지로 나뉜다. 신설, 확장, 개량이다. 이 중에서 투자할 때 가장 주목해야 할 항목은 '신설 및 확장(연장)'이다. 해당 계획을 바탕으로 건설예정인 도로를 활용할 수 있는 도시(지역)는 가만히 있어도 매도차익을 기대할 수 있다.

한 예로 속초의 경우, 서울양양고속도로 개통으로 인해 서울에서의 접근성이 굉장히 좋아졌다. 엄청난 수의 관광객이 속초 일대로 몰려오고 있다. 고속도로 하나로 인해 대규모 개발사업도 진행되고 있다. 도로가 뚫리니, 관광객 유입을 기대하며 대규모 숙박시설이 지어지고 있다.

인근 부동산에 문의해보니 5년 전에는 평당 400만~500만 원 하던 속초해수욕장 일대의 땅값이 3년 전쯤 고속철도 개통 소식 이후로 수직 상승해 대부분 평당 1,000만 원이 넘었고, 위치에 따라 최대 3,000만 원까지 호가가 나와 있다고 한다. 앞으로는 거의 땅이 부족하다고 하니 꾸준한 상승이 될 것이라고 말했다. 거기에 앞으로는 속초에서 서울, 수도권 지역으로의 출퇴근도 가능할 수 있다는 이야기도 덧붙였다. 서울, 수도권 집값이 계속 비싸지고 있으니 충분히 가능하다는 생각이 든다.

동해지역에서는 속초를 중심으로 양양, 고성 등도 교통 여건이 좋아지면서 계속 땅값이 많이 오를 것으로 예상한다. 기존에 인프라가 있는 강릉, 동해 역시 연계되어 땅값이 오를 것 같다.

땅값이 오르면 이 위에 건설되는 건물의 가치도 오른다. 상업용, 주거용 부동산 물건은 땅값이 오르면 거의 즉각적으로 반응하지만, 생숙 물건은 천천히 반영된다. 속도의 문제지 분양을 하고 정상영업을 시작해 수익이 나는 시점부터 1~2년 뒤에는 천천히 시세에 반영이 된다.

입지조건 외에도, 투자수요 측면에서 분석해 보자. 수도권 외의 지역에 부동산 가격을 올리는 건 전적으로 외지인들에 의해 결정된다. 서울, 수도권 투자자들에게 잘 팔릴 것 같은 부동산에 매도차익을 기대할 수 있다. 초창기 외지인들의 끊임없는 매수세로 가격이 많이 올라가면, 뒤늦게 인근 지역 거주민이 들어와서 가격을 받쳐준다. 이때 법인 투자자들의 집중 매수세가 있다면 투자할 때 심사숙고해야 한다. 원하는 시세차익이 생기면 내일이라도 당장 팔고 나가기 때문이다. 하지만 외지인 중에서도 개인 명의로 구매하는 투자수요자가 많으면, 그 지역은 시세가 안정적으로 꾸준히 오를 가능성이 높다.

입지를 산다는 개념으로 접근하라

가깝다는 건 물리적인 거리가 가깝다는 의미도 있지만, 자동차나 기차 등 교통수단이 발달해 당일치기로 갈 수 있는 지역을 의미한다. 부동산투자에서 교통망이 중요함은 두말하면 잔소리다. 그런데 의외로 차량으로도 쉽게 접근하기 힘든 산골짜기 지역의 생숙에 투자한 사람도 있다. 분양업체의 과장 광고도 한몫을 했다. 대표적인 문구가 '매월 따박따박 월세', '연 7% 이상 고수익 확정 보장 수익' 등의 문구로 투자자를 현혹했다.

그런데 한 걸음 뒤로 물러서서 조금만 이성적으로 생각하면 이상하다고 생각할 수 있다. 현재 확정 수익을 주는 곳은 금융기관이다. 대표적으로 은행을 예로 들면, 2020년 12월 기준으로 자산이 약 610조, 연 매출 약 55조인 국민은행도 특판으로 나온 기본금리가 0.85%(12개월), 우대이자율 0.7%를 더해서 최대 연 1.55%다. 2021년 10월 20일 기준으로 가장 높은 금리가 겨우 1.55%다. 그런데 얼마나 자산이 크고 연 매출이 높기에 연 7% 이상을 줄 수 있다는 말인가? 위탁운영업은 이제 걸음마 단계인 사업이라 연 매출 500억 원을 넘는 업체도 거의 없다. 그런데 연 7% 이상을 확정 보장한다는 건 현실성이 떨어진다.

대도시에서 멀고 접근성이 떨어지는 생숙은 매우 리스크가 큰 물건임을 분명히 알아야 한다. 그리고 분양업자들이 광고하는 월 수익이 확정 수익이라는 말도 스스로 꼼꼼히 따져서 확인해야 한다. 숙박시설에서 확정된 수익을 보장할 수 있는 방법은 사실 없다. 그러니 분양업자가 저런 광고를 했다면 이는 허위 광고로 봐야 한다. 최근에는 과장, 허위 광고에 대한 법률이 강화되어서 예전처럼 무분별하게 광고하지는 않겠지만, 투자자로서 항상 주의해야 한다.

생숙의 임대수익은 변동될 수 있지만 지어진 건물은 매도하기 전까지는 그 물건에서 빠져나올 수 없다. 생숙도 부동산이기 때문에 수익성과 함께 입지도 같이 산다는 개념으로 접근해야 하므로 대도시에서 먼 곳은 가급적 피해야 한다.

대도시와 가까워야 하는 또 다른 이유는 수요층을 고려해서다.

내 기준이 아니라 생숙에 머무르는 숙박객(수요층) 기준으로 생각을 해야 한다. 당연히 인구가 많은 대도시와 가까워야 많은 잠재 숙박객이 확보된다. 가장 간단한 분석 방법은 인구수로 분석하는 방법이다.

코시스(통계청에서 제공하는 원스톱 통계서비스)에 따르면 2020년 기준으로 우리나라 전체 인구는 51,829,023명이다. 이 중 경기도 13,427,014명, 서울 9,668,465명, 인천광역시 2,942,828명이다. 이 수치를 보면 전체 인구 중 약 50.24%가 특정 지역군에 편중되어 있음을 알 수 있다. 즉 이 지역의 인구를 대상으로 한 생숙 투자가 90% 이상의 성공 확률을 가져다준다.

생숙을 산다면 이곳이 제격

단계별로 분석을 해보자. 1단계, 사람이 모이거나 돈이 모이는 장소인지를 파악해야 한다. 둘 다 해당이 되면 가장 좋지만, 하나만 해당이 돼도 좋다. 사람이 모이는 경우는 머무는 시간을 기준으로 '단기'와 '장기'로 구분된다. 단기적으로는 머무는 인구는 여행객이 있을 수 있고, 장기적인 경우는 교육, 직장, 사업 등의 사유로 주거지를 이전하는 것을 말한다. 돈이 모이는 경우는 해당 지역에서 거주자와 외부 방문객이 모두 왕성한 소비활동을 하거나, 해당 지역의 발전 가능성에 대한 기대감으로 많은 투자 자금이 투자되는 것을 말한다.

2단계, 개발 계획이 존재하고, 실제 진행이 되고 있어야 한다. 개발은 행위 주체에 따라 정부 주도 개발, 민간 주도 개발, 민관협력 개발(PPP)로 나누어져 있는데, 도로 교통망, 관광시설 착공, 인프라 개발 등을 의미한다. 이 인프라를 바탕으로 민간 업체는 생활 숙박형 시설 등의 상업시설의 사업성이 높아져 개발 추진력이 강해진다. 인프라가 없는 지역에서는 아무런 개발 계획이 없다면, 생숙 건물을 예쁘게 궁궐처럼 지어도 투자자의 관심을 얻기 힘들다.

수도권 외 지역 중 시도광역시 급 지방 정부에서 추진하는 대규모 개발 지역에 들어서는 생숙은 그 지역의 명물이 되어 주변의 상권의 중심지가 된다. 외부에서 오는 관광객뿐만 아니라 현지 주민들도 편의 시설을 애용한다. 그래서 생숙 건물의 수요층이 안정적이다.

3단계, 여행객이 1년 내내 즐길 수 있는 시설, 프로그램이 있는지 확인해야 한다. 해수욕장 근처가 인기가 많은 이유는 단순하다. 바닷가라는 특성상 전망, 휴식 등 1년 내내 방문하게 만드는 이유를 만들어준다. 여기에 추가로 관광시설(곤돌라 등)이 지어지면 해수욕장 외에도 관광시설로 인해 방문수요를 더욱 촉진시킨다.

해수욕장이 없는 지역에서도, 1년 내내 여행객의 방문 욕구를 충족시킬 수 있는 관광자원이 있다면 해수욕장 근처와 마찬가지로 투자가치가 있다. 예를 들면 법에 의해 엄격한 제재를 받는 카지노는 정부의 영업허가가 있어야 하지만, 카지노 이용객은 1년 내내 꾸준하다. 여기에 여름에는 워터파크, 겨울에는 스키장 시설이 들어선다면 꽤 괜찮은 투자 지역이다.

위의 3단계의 항목을 모두 만족하는 생숙이 투자하기 좋은 생숙이다. 그런데 위의 3가지 중 2개만 만족시키는 생숙 물건은 어떻게 생각해야 할까?

지리적인 접근성을 고려하면 된다. 비록 2개만 만족하더라도, 서울을 포함한 수도권 지역에 거주하는 인구가 차량으로 쉽게 방문할 수 있는 지역의 생숙도 투자가치가 좋다. 2021년 12월 기준으로 서울의 인구는 9,509,458명, 경기도 13,565,450명, 인천은 2,948,375명이다. 대한민국 전체 인구 51,638,809명 중 약 50.39%가 특정 지역에 모여있는 것이다. 이 인구가 차량으로 방문 가능한 위치에 있는 생숙을 주목할 필요가 있다.

숙박업계의 예약률도 살펴보라

생숙 투자를 위해 우리나라의 숙박업계 예약률도 살펴보는 것이 좋다. 연도별로 추이를 확인해 어떤 지역이 상위권에 있는지 파악하고 그 지역을 주의 깊게 보는 것이다. 연도별 자료를 보면 경기의 변동에 따라 어느 지역이 민감하게 반응하고 어느 지역이 무관한지 알 수 있다. 아래는 한국호텔업협회에서 제공하는 호텔업 운영현황 자료를 분석한 내용이다.

경기변동 민감 지역

코로나 이전(2015~2019년)에는 서울이 부동의 1위였다. 압도적으로 관광객의 수가 많았기 때문이다. 하지만 2020년 코로나19가 터진 이후로 예약률이 급격히 떨어졌다.

2019년 서울의 예약률은 78.15%였다. 1년 내내 성수기였다고 생각해도 될 정도로 숙박업계가 호황이었다. 하지만 2020년도에는 36.21%로 예약률이 폭락했다. 경기변동에 민감하기 때문에 예약률의 변동성이 매우 크다. 경기지역도 마찬가지다.

투자 자금 차이도 고려해야겠지만, 예약률로만 봤을 때 코로나19가 끝나게 되면 서울지역의 예약률(수익률)이 다시 치솟을 것으로 생각한다.

경기변동에 강한 지역

제주도의 경우, 서울과는 다르게 2015년 이후부터 2020년 통계까지 꾸준한 예약률을 유지하며 항상 TOP 5에 속하고 있다. 예약률로만 봤을 때, 코로나19로 인해 해외에 가려는 여행객들이 대신 제주도로 가게 되는 경우와 기존 국내에서 제주도 여행 수요가 맞물리면서 비록 코로나19지만 상대적으로 큰 타격 없이 TOP 5에 계속 랭크되어 있다.

경기변동과 무관하게 꾸준한 지역

강원도의 경우, 오히려 코로나19로 인해 수혜를 입었다고 할 정도로 순위가 급등해서 1위가 되었다. 2019년에 56.59%로 12위 있다가 2020년에는 50.44%의 예약률을 기록하며 순위가 급등했다. 예약률의 변화가 크게 없음에도 2020년에 전국 1위가 된 이유는 간단하다.

강원도는 코로나19에 영향을 거의 안 받는다고 할 정도로, 일정한 예약률을 유지하고 있다. 경기변동과 상관없이 안정적인 임대소득을 얻는 목적의 투자자들이 선호하는 이유다.

2020년 이후 많은 숙박시설이 신규로 분양되어 영업을 시작하는 상황임에도 불구하고 높은 수준의 예약률을 보이고 있다. 강원도는 도로 인프라가 지속적으로 생겨나고 있고, 제2의 제주도로서 각광을 받을 것으로 보인다.

2단계:
나는 얼마짜리 투자자일까

생숙을 살 때는 자신의 투자금을 잘 책정해야 한다. 이때는 물리적인 돈의 액수보다는 분양받은 생숙의 개수로 판단하는 것이 더 좋다.

How Much(얼마)보다는 How Many(개수)

나는 '생숙 1개는 필수, 2개는 선택, 3개 이상은 전업'이라고 생각한다. 여행, 휴식이 인생에서 필수 요인이라고 생각하는 사람은 생숙도 마찬가지 필수 부동산투자 물건이다. 추가 수익을 더 얻고 싶다면 2개 객실까지도 가능하다. 모두 직장을 다니고 다른 일을 하면서도 투자해서 수익을 볼 수 있기 때문이다.

생숙 투자는 다른 부동산과는 다르게 문턱이 낮다. 앞에서 언급한 임장 지역이라면 투자 금액에 초점을 맞추기보다는 개수에 초점을 두어야 한다. 투자 금액이 얼마인지는 크게 중요하지 않다. 대부분이 초기에 계약금 1,000만~3,000만 원 이하로 시작할 수 있기 때문이다. 사회 초년생이라도 1~2년만 아껴서 모으면 계약금은 충분히 마련할 수 있는 금액이다.

목 좋은 위치에 있는 분양사무소에 가보면 머리가 희끗희끗한 할머니께서 고수익 가능, 노후 생활 대비라는 말들에 마음이 움직여서 2개, 3개씩 계약하는 분들도 많다. 투자 금액을 생각해보면 3개를 계약해도 초기 투자금은 1억 원이 채 되지 않는다. 아파트나 상가를 생각하면 굉장히 저렴한 금액이다.

내 기준을 적용하면, 객실 수익을 극대화하기 위해 부업 이상의 노력이 필요하다. 위탁운영 업체가 알아서 잘 운영을 하지만, 내 객실이 잘 예약되고 있는지 좋은 후기가 올라가는지 꼼꼼히 모니터링하는 것이 좋다. 객실예약이 잘되고, 수익금이 매월 통장에 입금되면 즐거운 마음으로 시간을 쓸 수 있다. 3개부터는 '생숙 전문 임대사업자'가 되기로 결심했다라는 것과 같은 의미다. 상가 3개를 계약하는 것과는 전혀 다른 개념이다.

생숙은 하루 단위(daily)로 수익·비용이 발생하기 때문이다. 마치 매일 온라인으로 장사를 하는 것처럼 당일 내 객실이 팔렸는지, 이번 주는 객실예약이 얼마나 되었는지 수시로 확인하게 된다. 1~2개까지는 직장생활하면서도 가끔 앱을 켜서 예약률을 확인할 수 있다. 3개부터는 정말 무관심하게 운영하는 사람이 아닌 이상은 대부분 '생숙으로 사업'을 한다고 생각해야 한다.

본인이 생숙을 통해 얻고자 하는 점을 분명하게 파악하고 충분히 알아본 뒤에 투자를 해야 한다. 만약 2객실 이상을 투자하고 싶다면, 일단은 1객실만 구매해서 생숙으로 돈을 벌어본 후에, 1객실을 더 추가해서 사는 것도 늦지 않다.

대출은 어떻게 할까

기본적으로 대출(레버리지)을 활용한 생숙 투자는 필수다. 대출이 감정평가(분양가의 90%) 대비 50% 이상 나올 정도로 대출의 조건이 좋기 때문이다. 아파트, 빌라와 같은 주거 물건에 비교하면 대출비율이 정말로 관대하다. 그래서 대출을 활용하는 것이 생숙 투자에서는 거의 필수라고 봐도 무방하다. 레버리지 효과로 인해 수익률이 높아진다.

수익성 부동산에 투자할 때는 대출금액을 제외한 순수 내 투자자금 대비 수익성 물건의 수익률이 주요한 투자지표임을 잊지 말자. 생숙도 가장 저렴한 초기자본으로 월 임대수익을 벌 수 있는 부동산 수익상품이기 때문에 위의 원칙이 적용된다.

생숙 투자는 분양가에서 계약금 10%, 중도금 60%, 잔금 30%로 구성되고, 건축물 가격의 10%인 부가가치세는 환급받는다. 참고로 계약금 10%는 전체 분양가의 10%를 의미하고, 환급받는 부가가치세 10%는 '토지+건물' 분양가에서 건물분 분양가의 10%를 계약 시점부터 건물 준공 시점까지의 기간에 걸쳐 환급받는다는 의미다.

중도금은 시행사(분양사)가 계약자 대신 금융기관으로부터 돈을 빌려서, 대부분 무상으로 계약자에게 제공한다. 중도금은 준공 시 생숙이 있는 지역의 금융기관에 가서 대출을 받을 수 있는데, 대부분 중도금을 전부 대출로 충당한다. 나머지 잔금만 내 돈으로 내면 된다.

분양가 분석을 통한 자금 마련 방법

나는 2장 '이자만 납부하는 레버리지 수익률을 활용하라'에서 자기자본 0원인 경우와 자기자본과 타인자본을 섞어서 투자한 경우를 설명했다. 내 생숙 가격을 예로 들면, 순분양가 1억 7,500만 원(VAT를 제외한 순분양가) 생숙을 분양받으려고 할 때의 상황이다. 참고로 분양가는 단순히 '건축물 가격 + 토지 가격'으로 나뉘는데, VAT는 분양가에서 건축물분의 10% 금액이다. 내가 분양받은 생숙은 건축물의 가격이 1억 2,446만 원, 토지가 6,295만 원이었다. 건축물 가격의 10%인 12,446,000원을 준공일까지 모두 환급받았다.

통장에 분양가의 10%에 해당하는 1,750만 원이 없는 경우, 계약금 10%는 신용대출로 충당한다. 대출 비율을 얼마나 할지는 개인 차이가 있지만, 순분양가의 약 54%를 준공시에 금융기관으로부터 대출을 받아 충당이 가능하다. 생숙은 수익성 부동산이라서 담보대출을 받고 상환할 때, 원금은 갚지 않고 이자만 지불하기 때문에 현금 흐름을 고려했을 때 부담률이 낮다.

정리하면, 순분양가의 10% 계약금은 신용대출, 약 54%는 생숙 담보대출(일반담보대출)로 충당하면 된다. 잔금에 해당하는 36%는 2~3년간 저축해서 최대한 모아서 충당하면 된다. 이때 부족분은 신용대출을 통해서 가능하다.

부가가치세 환급에 대해 주의해야 할 부분

부가가치세는 일반 임대사업자 등록증을 발급받으면 모두 환급 받을 수 있다. 다만 생숙을 주택으로 사용하면 부가가치세 환급은 받을 수 없다. 재산세, 종합부동산세 등 세제와 관련된 부분은 모두 주택으로 간주되어 적용받으니 주의해야 한다.

분양계약 후에는 가능하면 빠른시일 내에 일반사업자 등록증을 발급받아야 한다. 부가가치세법에서는 과세기간이 끝난 후 20일 이내에 사업자등록을 신청할 경우 해당 과세기간의 매입세액 공제 가 가능하도록 되어 있다. 위의 내용을 잘 모르더라도 분양계약을 할 때, 분양사무소에서 안내하는대로 따르면 된다. 담당 세무사도 무료로 배정해준다.

부가가치세 환급은 위탁운영 업체와 바로 계약하지 않더라도 환급이 가능하다. 조급하게 부가가치세 환급을 이유로 위탁운영 업체와 바로 계약하지 않아도 된다. 세법에서는 실질과세 원칙에 따라 일반 임대사업자 등록증이 있고, 실제로 임대업을 할 경우에 합법적으로 부가가치세 환급을 받을 수 있다. '실제 임대업을 한다'라는 건 분양과 동시에 위탁운영 업체와 계약을 맺어야 한다는 의미는 아니다. 위탁운영 업체 계약은 2~3년 뒤 건물 준공 전후에 해도 된다.

정리하면 일반 임대사업자 등록증은 분양 후 빠른 시일 내에 신청해서 발급받고, 실제로 임대업을 한다면(객관적으로 위탁운영 업체와 계약) 건물분 부가가치세 10%를 환급받는다고 생각하면 된다.

앞으로의 대출 규제 전망

모든 법과 제도에는 원칙이 있고 상황에 따라 개정된다. 정치적인 목적에 의해 개정되는 부분이 규제로 분류될 수 있고, 활성화로 분류될 수 있다. 앞의 대출과 관련해서는 법과 제도의 원칙적인 내용을 적용했다. 가령 건물 담보대출, 신용대출의 경우 이자만 납부하는 것이 원칙이다. 요즘 정부가 대출 강화를 위해 DSR 도입, 신용대출 시 원금 이자 동시 상환 등의 규제도 하고 있지만, 궁극적으로는 일반적인 상식을 뛰어넘는 과도한 대출 규제이기 때문에 시간이 지나면서 완화될 것이라고 본다.

생숙 투자에 시동을 걸기 위해서는 계약금 마련부터 잔금 납부까지 2~3년이 걸린다. 반드시 자신의 경제적인 상황을 고려해 무리하지 않은 선에서 투자해야 한다. 다행히 앞으로 대출 규제가 많이 폐지될 것으로 예상되기 때문에, 임대소득을 기대한 투자자에게 부동산의 가치가 올라서 매도차익에 대한 기대감도 가져다줄 수 있을 것이다.

3단계:
수익 구조 이해하기

생숙 투자의 성패는 객실판매 수입이 결정한다

생숙에 얼마나 잘 투자했는지 여부는 객실판매 수입이 결정한다. 다만 계절별, 특수한 기간 등에 따라 객실 단가가 차등 적용되므로 해마다 휴가 기간이나 연휴 날짜, 기간 등에 큰 영향을 받는 특성이 있다.

우선 생숙의 수익 구조를 쉽게 분석하기 위해 기본적인 분석틀에 대해 간단히 설명하고자 한다. 생숙 투자자 입장에서 수익, 비용, 정산 방법 이 3가지는 필수로 분석해야 한다. 이를 간단히 표로 만들어보았다. 수익은 생숙 투자자가 위탁운영 업체로 받는 객실 수익을 말하고, 비용은 위탁운영 업체에게 지불하는 수수료이며, 정산 방식은 위탁운영 업체로부터 수익을 배분받는 방식을 말한다.

현금흐름	소유자 ← 위탁운영 업체	소유자 → 위탁운영 업체	위탁운영 업체		소유자 ← 위탁운영 업체	
형태	수익[1]	비용[2]	(실질) 운영비용 부담 주체[4]		정산 방식[3]	
변동형	(%) 비율 / (₩) 금액		소유자	위탁 운영 업체	개별정산 (배당금)	공동정산 (배당금)
고정형						
혼합형	변동형과 고정형을 혼합					

1 생숙 소유자가 위탁운영 업체로부터 받는 객실 수익
2 소유자가 위탁운영 업체에게 지불하는 위탁운영 수수료
3 위탁운영 업체로부터 수익을 배분받는 방식. 정산금이라는 단어가 어렵기 때문에 배당금이라는 용어를 사용했다.
4 위탁운영 업체가 위탁운영을 하기 위해 발생하는 모든 비용의 실질 부담 주체(예: 인건비, 마케팅비 등)가 누구인지를 의미

수익 구조의 90%는 위탁운영 업체에 의해 결정되므로, 위탁운영 업체의 운영구조를 파악하는 것이 우선이다. 이론적인 수익 구조에 대해서는 단지 '이론적으로는 이렇게 구분이 되는구나' 정도만 알아도 무방하다. 중요한 것은, 내가 분양받으려는 생숙이 '하이 리턴(High Return), 로 리스크(Low Risk)'에 해당하는지만 제대로 확인하면 된다.

수익 측면에서는 변동수익(VR, Variable Revenue)과 고정수익(FR, Fixed Revenue), 비용 측면에서는 변동비용(VE, Variable Expense), 고정비용(FE, Fixed Expense)으로 구분되며 정산, 즉 수익금의 배분방식은 객실 하나씩 정산표(수익계산표)가 발급되고, 객실마다 수익금이 차이가 있는 개별정산(PD, Private Dividend)이 있고, 전체 수익을 전체 계약자가 분양가 기준으로 배분하는 공동정산(GD, General

Dividend)이 있다. 그리고 변동과 고정은 비율(Rate)와 금액(Amount) 2가지 조건으로 결정된다.

간단히 정리하면, '수익-비용-의무-정산방식' 4가지만 분석하면 위탁운영 업체를 활용한 생숙 투자분석을 제대로 했다고 말할 수 있다. 그만큼 간단하면서도 강력하다.

이 책에서는 크게 3가지로 분류해 설명했다.

첫째, 실력이 좋아야만 가능한 '라이트형(Lite)' 위탁운영 업체는 변동수익(VR), 변동비용(VE), 부담부존재(NO, No Obligation), 개별정산(PD)의 특성이 있다. 부담부존재(NO)는 운영비용을 부담하는 실질 주체가 계약자가 아니라는 의미이다. 이 경우 위탁운영 업체가 운영경비를 100억 원을 써도, 계약자에게 떠넘기거나 청구할 수 없다는 의미다.

둘째, 과거의 전통적인 숙박업체인 '호텔형' 위탁운영 업체는 변동수익(VR), 고정비용(FE), 부담존재(O, Obligation), 공동정산(GD)의 특성이 있다.

셋째, 초창기 생숙 운영 형태인 '고정형' 위탁운영 업체는 고정수익(FR), 고정비용(FE), 공동 정산(GD)의 특성이 있다.

현실에서는 라이트형 위탁운영 업체는 1%, 99%는 호텔형과 고정형으로 운영이 된다. 라이트형은 최근 생숙업계에서 떠오르는 위탁운영 형태다. 앞으로 생숙업계에는 라이트형 위탁운영업으로 전부 바뀔 것으로 예상된다.

다음은 내가 생숙을 투자하면서 분석한 수익 계산 방법을 설명하고자 한다. 생숙의 특성상 휴일과 성수기, 주말 가격, 비수기·평일에 따라 3가지의 다른 객실 가격대가 존재하므로 객실단가를 세 타입으로 분류했다. 여기서 당일 날씨, 지역 행사 등에 따라 가격 객실 단가 상황이 일부 변동될 수 있다.

소유자 수익 극대화, 리스크 최소화하는 위탁운영 업체

소유자의 수익을 극대화하고 리스크를 최소화하는 위탁운영 업체 구조는 수익과 비용 모두 변동형으로 선택하는 것이 생숙 소유자에게 가장 유리하다(도표 '소유자와 위탁운영 업체 수익/비용/정산' 참조). 호황 시에는 변동형이든 고정형이든 간에 수익이 발생하기 때문에 걱정할 필요가 없다. 물론 호황 시에도 변동형 구조의 위탁운영 업체가 수익성이 더 좋다. 객실 소유자에게 매월 많은 수익금을 준다는 의미다. 실질적인 운영비용 부담 주체가 소유자(계약자)인 경우 고정비의 비중이 매출에 비해 높은 경우에는 경기가 호황이어서 예약이 많이 된다고 하더라도 위탁운영 수수료를 고정비용으로 납부하기 때문에 많이 차감이 된다. 수익금을 객실 소유자에게 적게 주거나 아예 못 주는 경우도 있다. 꼼꼼히 따져봐야 한다.

개별정산이 가능한 위탁운영 업체는 국내에서 손꼽힌다. 굉장히 고난이도의 업무고 위탁운영 업무에 전문성을 가진 업체라는 것을 증명하는 방법이기도 하다. 특히 예약 업무를 굉장히 잘한다. 개별정산을 받으면 내 객실 상태, 수익성 등의 모든 정보를 알 수 있다.

리스크가 큰 위탁운영 업체 구조

소유자 입장에서 리스크가 큰 생숙이란 수익과 비용에 관한 것이 아니다. 수익과 비용은 확정형 수익을 지급하는 위탁운영 업체가 아닌 이상은 변한다. 위탁운영 업체의 예약률을 높이는 능력과 객실관리 능력에 따라 언제든지 변할 수 있다. 그래서 리스크를 고려할 때 예상외로 고려하지 않아도 되는 부분이다.

그렇다면 어떤 요소 때문에 과거 생숙 투자로 많은 피해 사례가 발생하고 소유자와 위탁운영 업체 간의 분쟁이 많았을까? 한마디로 정의하면, 위탁운영 업체의 '운영비용을 부담하는 주체'가 누구인지가 생숙 소유자가 리스크를 떠안을지 회피할지를 결정한다. 생숙 투자의 많은 분쟁은 이 항목에서 나온다. 회계 정보가 소유자들이 원하는 만큼 투명하게 공개되지 않기 때문이다. 소유자는 내 재산이니 운영경비, 지출항목 등에 대해 자세히 알고 싶어 하지만, 위탁운영 업체에서는 여러 이유로 소유자가 원할 때 공개하지 않는다. 기업이기 때문에 일일이 모든 거래내용을 소유자들에게 확인받고 검증받는 것은 당연히 불가능하지만, 똑똑한 소유자들은 과거와는 달리 운영과 관련된 회계 정보를 충분히 알고 싶어 한다.

:: 위탁운영 업체 운영비용 관련 수익 구조 비교 ::

소유자 부담 시	위탁운영 업체 부담 시
객실판매 수익	객실판매 수익
− 위탁운영 수수료	− 위탁운영 수수료
= 객실판매 총이익	= 객실판매 총이익
− 위탁운영 업체 운영비용	
= 객실 영업이익	= 객실 영업이익
− 관리비	− 관리비
− 대출이자	− 대출이자
= 개실 순이익	= 개실 순이익

공동정산 방식의 문제점

먼저 위탁운영 업체의 운영비용 부담의 주체에 대해서 이야기 해보자. 일반적으로 생숙에서는 객실을 판매해 얻는 수익이 대부분이다. 위 표에서 보듯이 객실판매 수익에서 위탁운영 수수료를 제해야 객실판매 총이익이 나온다. 여기까지는 위탁운영 업체의 운영비용을 누가 부담하느냐에 상관없이 동일하다.

객실 영업이익은 위탁운영 업체의 운영비용을 누가 책임지고 부담하느냐에 따라 크게 차이가 난다. 만약 위탁운영 업체의 운영비용이 객실판매 총이익보다 크다면, 생숙 소유자에게 들어오는 수익은 없을 수 있다. 오히려 적자인 것이다.

일부 생숙 투자자들은 '내가 위탁운영 업체의 운영비용을 낸 적이 없는데 왜 내가 부담하고 있지?'라고 생각할 수도 있다. 곰곰히 생각해보면 소유자의 주머니에서 안 나갔을 뿐 실질은 소유자는 위탁운영 업체가 직원 인건비, 마케팅 비용 등 운영에 필요한 비용을 우선적으로 차감해서 남는 돈을 받을 뿐이다. 비용이 크면 수익이 없는 건 당연하다.

이 같은 문제를 극복하기 위해 위탁운영 업체의 운영비용을 소유자가 부담하지 않는다면, 위탁운영 업체의 운영비용은 소유자의 객실 수익에 직접적으로 미치는 영향이 없다. 생숙 투자에서 소유자가 위탁운영 업체와 분쟁이 발생하는 대다수의 이유가 이 항목에서 발생한다. 소유자는 위탁운영 수수료만 지급하고, 위탁운영 업체의 운영비용에 대한 부담이 없다면, 최소한 위탁운영 업체가 운영비용을 과도하게 부풀려서 소유자에게 비용을 전가하는 분쟁 발생 확률을 0%로 만들 수 있다.

이런 상황은 경제학적의 개념에서 현대에 와서 확장된 주인대리인문제(Principal-Agent Problem)가 발생할 수 있다는 사실을 주지시킨다. '주인대리인문제'는 대리인이 주인의 이익을 위해 최선을 다하지 않는 걸 의미한다. 주인은 생숙 소유자, 대리인은 위탁운영 업체로 이해하면 된다.

생숙 소유자는 최소한 '객실 영업이익'이 발생해야 한다는 최우선적인 목적이 있는 반면에, 위탁운영 업체는 최소한 '위탁운영 업체의 운영비용'을 버는 데 최우선적인 목적이 있는 것이다. 생숙 소유자는 '객실 영업이익'이 있어야 살아남고, 위탁운영 업체는 '운영비용'만 있으면 살아남을 수 있기 때문이다.

수익금 공동정산인 경우에는 마치 주인 없는 객실을 운영하는 상황이 올 수 있다. 공산주의가 실패한 이유 중의 하나가 사유재산을 인정하지 않아서인데, 내가 소유한 재산이 있다면 그 재산을 지키고 수익을 만들기 위해 노력하지만, 전체 재산으로 만들고 전체의 책임으로 만들면 궁극적으로 누구도 재산을 지키기 위해 노력하지 않는다. 비록 위탁운영 업체가 객실 수익을 높이기 위해 노력하지만, 기본적으로 소유자(Owner)가 아닌 대리인(Agent)일 뿐이다. 소유자만큼 자기의 재산을 지켜주고 키워주는 남은 없다. '나(Owner)'보다 내 재산을 불리고 싶어 하는 '남(Agent)'은 없다. 단지 유인책(Incentive)를 통해 나의 재산을 불리게 유도할 뿐이다. 공동정산 방식은 자원을 배분하는 측면에서 봤을때는 공동소유, 공동분배의 방식을 추구하는 사회주의와 유사하다(나는 여기서 정치, 경제적 관점에 대한 이야기를 하려는 것이 아니라 생숙 소유자에게 배당되는 수익정산 방법에 한정해 말하고자 할 뿐이다).

개별정산 시스템의 수익 구조는 단순하다

생숙의 수익 구조를 쉽게 분석하기 위해 기본적인 분석틀에 대해 간단히 설명하고자 한다. 개별정산 시스템의 수익 구조는 단순하다. 5개의 계정만 분석하면 된다. 예약 사이트 수수료, 위탁운영 수수료, 청소·세탁비, 건물관리비, 은행이자다. 다음 페이지의 표는 코로나 등 대외적인 악재가 없는 일반적인 상황에서 예상되는

:: 수익 계산식(예시) ::

	항목	휴일(성수기)	주말	비수기·평일
위탁 운영	객실판매가	200,000원	120,000원	50,000원
	예약사이트 수수료(에어비앤비 3%)	6,000원	3,600원	1,500원
	객실료 입금	194,000원	116,400원	48,500원
	위탁운영 수수료 11%(VAT 포함)	21,340원	12,804원	5,335원
	청소·세탁비(VAT 포함)	20,900원	20,900원	20,900원
	수분양자 입금 금액(1일)	151,760원	82,696원	22,265원
	예약 날짜	93일	65일	55일
	객실료 입금액(1년)	14,113,680원	5,375,240원	1,224,575원
	수분양자 영업수익(1개월)	1,726,125원		
건물 관리비	단순 평균 월 관리비(VAT 포함 가정)	140,000원		
	총 객실료 임금액(1개월)	1,586,125원		
	총 객실로 입금액(1년)	19,033,495원		

* 위의 세부항목과 비용은 위탁운영 업체마다 다르다.
* 변동수익(VR), 변동비용(VC), 개별정산금(PD), 라이트형 위탁운영, 원룸·1객실 1일 판매기준
* 은행이자의 경우, 전액 자기돈으로 하는 경우, 일부 대출, 전액 대출을 하는 경우 등 개인차가 크기 때문에 위의 수식에는 반영하지 않았다. 개인 자금상황에 맞게 추가해 분석해보는 걸 추천한다. 은행이자의 경우 0(대출 0%)~437,500원(대출 100%: 1억 7,500만 원, 3%, 이자만 납부 가정) 범위다.

수익계산식이다. 내가 위탁운영사를 선정할 때 실제로 만들어서 활용했던 수익계산법이다.

수익의 대부분을 결정하는 것은 위탁운영과 관련된 영역이다. 파일은 엑셀로 만드는 것이 가장 효율적이다. 나 역시 엑셀 파일을 만들어 관리하고 있다. 그래야 각자 투자하려는 생숙의 상황에 맞게 객실판매가, 위탁운영 수수료 등 다양한 변수들이 조정 가능하다.

객실판매가에 영향을 주는 것은 지역적인 요소다. 각 지역마다 경쟁을 통해 가격이 결정된다. 지역 시세를 어느 정도 따라야 하기 때문에 투자하려는 생숙 물건지에서 가장 인접한 생숙 가격을 확인하면 된다. 준공연도와 건물 규모에 차이가 있지만, 보통 근처 5성급 호텔보다 저렴하고, 모텔·여관보다는 가격이 높다. 가격을 참고할 때는 에어비앤비가 가장 정확하다. 왜냐하면 생숙의 객실 가격의 경쟁이 국내의 일반채널인 야놀자, 여기어때, 호텔스닷컴 보다는 심하고, 상황에 따른 가격변동이 빠르기 때문이다.

예약사이트 수수료도 어떤 채널을 쓰느냐에 따라 수익에 큰 영향을 미친다. 가장 저렴하고 이용하는 관광객이 많은 에어비앤비를 강력히 추천한다. 객실판매가에서 3%의 수수료만 주면 된다. 반면 국내채널은 예약수수료만 10% 이상 가져간다.

객실판매가에서 예약사이트 수수료를 차감한 금액인 객실료가 위탁운영회사로 입금이 된다. 이 금액을 기준으로 위탁운영사에 지불하는 수수료 금액이 결정된다. 이 금액에서 위탁운영 수수료와 청소비가 차감된다. 이 부분은 위탁운영 업체에 따라 다른데, 대략 10~20%대의 위탁판매 수수료(VAT 포함)와 청소비 2만~3만 원대(VAT 포함)로 구성이 되어 있다(재계약 시마다 일부 조정된다).

개별정산을 채택한 위탁운영 업체는 위탁운영 수수료와 청소비를 차감한 돈이 계약자가 받게 되는 금액이다. 이 수익금 지급주기는 위탁운영 업체에 따라 월 정산, 분기별 정산 방법이 있는데, 내가 계약한 위탁운영 업체는 월 정산 방식이어서, 매월 8일에 지급해준다. 마치 매월 용돈을(수익금이 많을 때는 월급을) 보너스로 받는 기분이다.

건물관리비는 건물관리 업체가 따로 있어서, 매월 관리비 명목으로 부과한다. 과세항목과 면세항목이 나뉘는데, 금액이 크지 않아서 수익 분석할 때는 전체를 과세항목으로 간주해 계산을 단순화했다. 이 건물관리비는 나중에 소유자 중심의 관리단을 만들어야 관리비를 절감할 수 있는 유인이 생긴다. 대부분은 시행사와 연계된 건물관리 업체가 초창기부터 관리업무를 맡아서 관리비를 부과한다. 소유자 중심의 관리단에서 선출된 관리인을 통해 관리비가 적절하게 부과되고 있는지 확인 가능하고, 건물관리 업체를 관리·감독할 수 있다.

공동정산 방식의 수익 구조 분석은 복잡하다

공동정산 방식은 기존의 생숙뿐만 아니라 대부분의 분양형 호텔이 추구하는 방법이다. 공동정산 방식에서는 급여, 퇴직급여, 복리후생비, 소모품비, 세탁비, 통신비, 인쇄비, 지급수수료, 접대비, 회의비, 광고선전비, 판촉비 등 약 20개 이상의 비용계정 항목들이 객실 수익료에서 차감이 된다. 회계에 전문적인 지식을 가진 사람이 아니라면 분석하기는 쉽지 않다.

그리고 남은 객실 수익금을 전체 수분양자의 분양가를 기준으로 1/N하게 된다. 위에서 급여, 퇴직급여 등의 고정비용항목 비중이 높은 비율을 차지한다.

처음에 설명한 변동수익+변동비용과 개별정산형 수익 구조와의 차이는 고정비용의 부담 주체가 누구에게 있느냐다. 하이 리턴을 추구하고 로 리스크를 추구하는 투자자는 이러한 고정비용을 반드시 경계해야 한다.

호텔은 기본적으로 숙박객에게 제공되는 서비스와 부대시설을 활용할 수 있어야 한다고 생각한다. 하지만 생숙의 경우에는 객실판매를 주력으로 한다. 부대시설을 운영하기에는 막대한 유지관리 비용이 필요하기 때문에, 5성급 호텔이 아니고서는 꾸준한 수익을 내기는 쉽지 않다. 부대시설의 유지관리 비용은 위탁운영비용에 포함되어 고정비용 항목으로 분류가 된다. 그래서 성수기·비수기에 따라 탄력적인 운영을 해서 최대한 비용절감을 하려고 노력을 한다.

호텔 규모에 따라 인원수는 변동이 된다. 생숙의 경우, 내부 식당이나 무인 주차 시스템으로 일부 인원이 변동될 수 있지만 기본적으로 고용해야 하는 인력 규모가 크다. 생숙은 객실판매를 주 수입원으로 하기 때문에, 운영비용의 대부분을 객실판매수익으로 충당해야 한다. 객실예약률에 심혈을 기울여야 하는 이유다.

위탁운영 업체에서 '호텔 수준의 서비스'를 제공하기 위해서는 기본적으로 43명이 필요하다. 총지배인 1명, 객실팀(오더테이커 포함) 2명, 판촉팀 2명, 레스토랑 7명, 카페 4명, 프런트 직원 7명(3교대), 룸메이드 9명, 주차 4명, 구매/창고 1명, 회계 1명, 시설(기관,전기 등)

3명, 미화원 2명이다.

만약 카페테리아, 식당 등이 없으면 약 11명이 줄어도 32명이다. 전부 생숙 계약자가 고용하는 것과 같은 의미다. 32명의 인건비만 해도 월 280만 원 기준으로 한 달에 8,960만 원이다(일반적으로 주요 관광지는 인건비가 높아서 월 300만 원 이상이 될 수도 있지만 보수적으로 계산했다).

4단계: 분양 시기별로
할 일을 실행하라

분양 홍보관에 한번 방문해보라

생숙에 투자할 마음이 있거나 생숙이 어떤 것인지 알기 원한다면 가장 먼저 할 일은 분양 홍보관에 방문해서 설명을 듣고 생숙의 입지와 구조 등을 내 눈으로 직접 보는 일이다.

생숙이든 아파트든 모든 부동산의 분양 홍보관은 주로 교통의 요지에 있기 때문에 출퇴근길이나 친구와 만날 때 잠시 시간 내서 들러보면 된다. 생숙이 무엇인지 알아본다는 마음으로 편하게 가도 된다. 오히려 투자를 무조건 해야 한다는 의무감이 없기 때문에 객관적으로 보고 판단할 수 있다.

내가 분양 홍보관 방문을 추천하는 이유는 분양 홍보관에서 생숙 투자의 첫 단추를 끼우게 되기 때문이다. 생숙은 아파트나 오피스텔과는 다르게, 인터넷 광고를 한다 해도 눈에 잘 띄지 않는다.

그만큼 생숙 투자의 개념이 잘 알려져 있지 않은 생소한 영역이기 때문이다. 그래서 분양 홍보관을 방문해야 다양한 정보를 들을 수 있다.

생숙 분양 홍보관은 주요 지하철역, 번화가 곳곳에 있다. 길을 걷다 보면 홍보하는 사람들에 의해서 반강제적으로 끌려가게 된다. '저렇게 하면 사람들이 올까?'라는 생각이 들긴 하지만, 막상 분양 홍보관에 가보면 많은 사람이 진지하게 상담하고 있는 것을 보곤 한다. 호객행위에 이끌렸든 궁금증에 이끌렸든 막상 들어가면 분양 상담사의 현란한 설명에 넋을 놓고 듣게 된다. 그 자리에서 바로 계약금 쏘는 사람도 여러 번 봤다. 그러나 생숙도 엄연히 개별 등기가 만들어지는 부동산 물건이므로 분양을 결정하기까지 꼼꼼하게 신경 써서 알아봐야 한다.

'동모 다모 둘둘'을 꼭 지켜라

동일한 분양 홍보관은 최소 2번 방문, 다른 분양 홍보관도 최소 2번 방문을 해서 최종적으로 계약하려는 곳을 결정해야 한다. 아파트·오피스텔을 구매할 때처럼 여러 부동산을 방문해 브리핑을 받는 것과 같다. 이미 사고 싶은 지역과 물건을 생각하고 있더라도 반드시 '동모 둘, 다모 둘' 원칙을 지키는 것이 후회하지 않는 생숙 물건을 고르는 가장 현명한 방법이다.

생숙 투자 분양 홍보관을 방문할 때 수도권 이내 생숙과 수도권 밖의 생숙을 구분해서 방문해야 한다. 수도권에 위치한 생숙은 최근 법 개정으로 인해 주거용 오피스텔과 같은 유형으로 볼 수 있다. 주거지의 기능도 고려해서 봐야 하기 때문이다. 반면 수도권 밖의 생숙은 철저하게 객실판매 수익과 안정성을 고려해야 하므로, 수도권 밖에 위치한 생숙 분양 홍보관에만 방문하는 것이 투자의 목적과 방향성을 잘 정할 수 있는 방법이 된다.

계약금은 입장 티켓이다

생숙 분양은 주로 10%의 계약금으로 시작하는데, 이 금액은 계약금 지불하는 순간 내 돈이 아니라고 생각해야 한다. 계약을 취소하고 돌려받을 수도 없기 때문이다. 그러므로 신중하게 생각하고 결정해야 한다. 계약금을 내기 전에 10번을 넘게 분양 홍보관에 방문해도 좋다. 거리낌 없이 여러 차례 방문해서 물어보고, 개발 정보, 수익 가능성에 대한 정보도 수집해야 한다.

나 역시 5번 넘게 방문해서 상담만 5번 넘게 했다. 대부분의 분양상담사들이 기꺼이 친절하게 상담해준다. 상담하면서 분양상담사가 해당 생숙을 잘 알고 브리핑을 하는지, 단순히 팔려고 앉아있는지는 명확하게 구분이 된다.

소유권을 갖기 위해서는 분양계약서를 작성하라

분양계약서는 생숙의 주인이 나라는 사실을 공식적으로 알리는 역할을 한다. 추후에 잔금을 치르고 등기를 하게 되면 사용, 수익, 처분하는 배타적인 권리를 가지게 된다. 분양계약서에 대해서는 개인적인 요청으로 바꿀 수 있다. 그래서 분양계약서는 참고용으로 한 번쯤은 읽어볼 필요가 있다.

분양계약서를 보면 A4 사이즈 용지 2장에 양면으로 정말 깨알 같은 글씨로 작성되어 있다. 그 크기가 얼마나 작냐면 '겨우 읽을 정도의 사이즈'다. 크게 관심을 두고 싶지 않으면, 계약금 10%만 내고 분양계약서를 보지 않아도 된다. 왜냐하면 한번 계약금을 납부했고, 분양계약서에 서명 날인을 했다면 분양계획서를 취소할 수가 없기 때문이다. 유일한 방법은 계약금 10%를 포기하는 것이다.

위탁운영계약서는 꼼꼼히 살펴봐야 하지만, 분양계약서는 문구나 조항 하나하나까지 자세히 보는 것을 추천하지 않는다. 단순히 소유권을 가지기 위한 계약서라고만 생각하면 된다.

위탁운영 업체 선정을 위한 유의사항

몇 가지 질문을 하면서 실제 직면하고 있는 사례에 대한 답을 주고자 한다.

위탁운영계약서는 반드시 분양계약을 할 때 같이 해야 할까

아니다. 분양계약과 위탁운영계약서는 별개의 개념이다. 쉽게 말해 분양계약서는 부동산의 소유권을 취득하는 '매매계약서'와 같고, 위탁운영계약서는 내 부동산에서 장사를 하려는 임차인과 맺는 '임대차계약서'의 성격이다. 위탁운영 업체로부터 수익금을 받기 때문이다. 엄밀히 따지면 위탁운영 업체(직원)가 객실판매 수익(숙박객으로부터)을 생숙 소유자에게 주는 구조지만, 이해를 돕기 위해 '위탁운영 업체+숙박객'을 합쳐서 임차인으로 지칭하고 설명했다.

일반적으로 분양업체로부터 상가를 분양받아도 상가 임차인과는 별도로 임대차 계약서를 맺는다. 하지만 생숙에 따라 분양계약서를 작성할 때, 위탁운영계약서 함께 작성을 요구하는 경우가 있다. 대부분의 어리숙한(나도 여기에 속했다) 생숙 투자자들은 분양계약서와 함께 서명 날인을 한다. 위탁운영계약의 의미를 잘 모르기 때문이다. 분양계약서 작성할 때 같이 있는 서류고, 같이 하라고 하니까 아무런 의심 없이 '절차상 해야 하는가 보다'라고 생각하며 같이 서명 날인한다.

그렇다면 초보 생숙 계약자만 그런 것일까? 아니다. 생숙 투자에서 투자전문가란 거의 없다.

분양 당시 위탁운영계약서를 작성했다면 취소할 수 있을까

취소할 수 있다. 왜냐하면 위탁운영을 시작하지 않았기 때문이다. 취소 방법은 분양받은 사무실에 가서 위탁운영계약서를 취소한다고 일방적으로 통보하고, 위탁운영계약서를 파기하면 된다. 협의사항이 아니기 때문에 위탁운영 업체와의 계약을 철회하겠다고 통보만 하면 되는 것이다. 만약 분양업체가 거절한다면 분양회사, 시행사, 위탁운영 업체에 본인이 분양받은 호실과 개인 인적사항을 기재해 위탁운영계약서를 취소한다는 내용증명을 등기로 보내면 된다.

내용증명을 어렵게 생각할 수 있는데, 전혀 어렵지 않다. 객관적인 제3자가 봤을 때에도 발신인과 수신인에 대한 정보와 내용을 명확히 이해할 수만 있으면 된다. 인터넷을 검색해서 양식을 다운받아서 작성하면 된다.

다행히 대부분의 분양업체에서는 위탁운영계약 철회를 받아준다. 본인들이 강제할 권리가 없을 뿐만 아니라, 투자자의 개인적인 견해도 존중해주기 때문이다. 분양업체 직원들도 내부적으로 많이 교육받고 공부를 엄청 많이 한다. 그렇기 때문에 안 되는 부분에 대해서는 명확히 알고 있어서, 이런 경우 대부분 투자자들이 원하는 방향에 맞춰주려고 노력한다.

만약에 분양계약서 안에 위탁운영계약서가 있는 경우에는 취소하는 것이 쉽지 않다. 이 경우 분양과 동시에 위탁운영 업체를 선택할 수 있는 수분양자(소유자)의 권리가 박탈된다. 나중에 위탁운영 업체가 영업을 잘 못하더라도 무조건 시행사가 지정한 위탁운영 업체에 따라야 한다. 이는 재산권 행사에 심각한 제한을 줄 수 있으니 이런 물건은 무조건 피하라고 조언하고 싶다.

예를 들면 위탁운영 업체의 영업능력은 천차만별이라서 같은 건물이라도 돈을 버는 업체가 있고 손실을 보는 업체가 있다. 만약 시행사가 분양 당시부터 지정한 위탁운영 업체가 영업을 잘 못하면 돈을 벌어다주는 다른 위탁운영 업체로 옮겨야 하는데, 기존에 계약한 위탁운영 업체가 계약종료에 동의하지 않으면 옮길 수도 없다. 위탁운영 업체와 계약기간은 1년부터 5년까지 다양하다.

위탁운영계약 취소에 따른 불이익은 없을까

전혀 없다. 오히려 투자자들을 모아서 좋은 위탁운영 업체와 조건이 더 좋은 위탁운영 업체와 계약을 맺으면 된다. 앞으로 생숙을 통한 여행, 관광 산업이 무궁무진하게 발전할 것이다. 그에 따라 수많은 위탁운영 업체가 계속 생겨날 것이다. 내 객실 돈벌어다 주는 직원을 내가 뽑는다는데 눈치볼 게 무엇이며, 불이익은 또 무엇인가? 그런 건 전혀 없다.

다만 투자자 커뮤니티에 참여해 일정 인원을 모아야 한다. 주로 부동산 관련 네이버 카페에서 투자한 생숙 물건 이름을 검색하면, 먼저 분양받은 생숙 투자자들이 커뮤니티 참여를 요청하는 글을을 볼 수 있다. 네이버 카페 게시글에 들어가보면 카카오톡 오픈채팅방으로 안내하는데, 그 안에 이미 수십 명, 수백 명의 같은 생숙 투자자들이 있다는 사실을 알 수 있다.

만약 아직 투자한 생숙 물건의 소유자 커뮤니티가 없다면, 직접 네이버 카페에 가서 분양받는 생숙 물건 관련 글을 올리면 된다. 같은 고민을 하고 있는 투자자들이 한두 명씩 모이게 된다. 이렇게 한두 명씩 모으다 보면 순식간에 인원이 모인다. 인터넷이 발달해 있어서 예전에는 수 년이 걸려도 못할 일을 이제는 몇 달 만에 할 수 있게 된 것이다.

중도금 대출 계약서

중도금을 대출해주는 금융기관과 대출약정을 맺는다. 이 경우 시행사와 금융기관 간의 상호 합의로 인해 중도금의 이자에 대한 부분은 일반적으로 분양회사가 대신 납부해준다. 계약자 입장에서는 단 한 푼도 들지 않는다. 시행사와 금융기관이 상호 협의를 했을지라도, 생숙 물건의 주인은 소유자이기 때문에 서명을 해야 한다.

아직 건물 준공이 안 났고, 건물 사용승인일도 몇 년 뒤에 나오는 상황에서는 생숙 물건을 감평할 수 있는 방법이 명확하지 않다. 그래서 보통은 일반 시중은행보다 대출금리가 높은 금융기관들이 대거 참여한다. 일반 시중은행은 담보를 잡지 않고서는 웬만해서는 대출해주지 않는다.

분양업체가 금융기관에 납부하는 '중도금 대출이자비용'은 분양업체가 중도금 기간 동안에는 무상으로 납부해준다. 생숙 계약자는 돈을 한 푼도 안 내더라도 엄연히 비용에 대해서는 인식할 수 있다.

현금을 많이 갖고 있는 부자 생숙 투자자들은, 담당 분양회사 업체에 가서 거래를 하기도 한다. 예를 들어 생숙을 대출 없이 100% 현금으로만 사는 경우에는, 분양사가 대납하는 '중도금 이자비용'을 아낄 수 있으니 그 돈을 대신 받아가는 투자자들도 있다.

1금융권이 아니기 때문에 중도금 대출 대출금액과 대출금리는 높은 편이다. 다행히 건물 사용승인일이 지나면 담보력이 생긴다. 그래서 건물에 대한 감정평가를 통해 가치를 평가할 수 있고, 담보력에 따라 금리, 대출가능 금액을 알 수 있다. 건물의 사용승인일이 나오면 기존의 고금리를 (비록 시행사가 생숙 계약자를 위해 중도금 대출이자비용을 전부 대납을 하더라도) 저금리 대출상품으로 갈아타야 한다. 그래서 거의 모든 생숙 투자자들이 금리를 싸게 주는 금융기관으로 갈아타기를 한다.

잔금 대출 계약서

잔금을 납부할 시기가 다가오면 시행사에서 잔금을 납부해주는 기관을 지정해준다. 그렇다고 반드시 따를 필요는 없다. 더 유리한 금리를 제공하는 금융기관을 찾으면 그 금융기관과 잔금대출 계약을 맺으면 좋다. 보통 해당 생숙이 있는 지역의 금융기관에서 감정가를 가장 높게 잡아준다. 나는 새마을금고(MG)를 추천한다.

잔금 대출은 분양계약 당시에는 전혀 걱정하지 않아도 된다. 잔금납부 시기, 즉 분양 후 2~3년 뒤이기 때문에 많은 경제적, 정책적 변동사항이 있을 수 있다. 그때쯤 되면 같은 생숙에 투자한 많은 계약자들이 이미 가장 조건이 좋은 금융기관을 찾아서 공유해 준다. 수분양자끼리 모여 있으면 여러모로 많은 도움이 된다.

5단계: 위탁업체 선정은 공동으로 준비하라

한 건물에 여러 개의 위탁운영 업체가 영업을 한다

생숙에서는 위탁운영 업체 한 곳이 전체 객실을 운영하는 경우보다는 몇몇 위탁운영 업체가 나눠서 운영하는 게 일반적인 현실이다. 왜 이렇게 되어 있을까? 상가 빌딩을 생각해보면 된다. 한 빌딩에 많은 가게가 있는 것과 비슷하다.

기존에는 생숙 건물에 분양사, 시행사와 관련된 위탁운영 업체가 기본적으로 세팅되어 있다. 하지만 시행사가 위탁운영 업체까지 한다면 실무상 많은 부작용이 있다. 방만한 운영과 과도한 비용 청구로 수분양자들을 속상하게 만드는 경우가 생긴다. 그래서 최근에는 수분양자끼리 모여서 새로운 위탁운영 업체를 선정하는 경우가 많다.

사업을 진행하는 시행사, 객실을 파는 분양업체, 건물을 관리해 (건물) 관리비를 부과하는 건물관리 업체, 객실의 예약/청소 업무를 담당하는 위탁운영 업체가 있다. 모두 꼭 필요한 필수업체지만, 생숙 투자자(수분양자)에게 가장 위험한 구조는 시행사, 관리업체, 위탁운영 업체가 실질적으로 같은 업체인 경우에 발생한다. 구체적인 사례로 업체의 대표, 감사, 이사 등 주요 인력이 한 업체 대표의 가족, 친척인 경우를 말한다.

마치 삼권분립처럼 시행사(또는 분양업체), 건물관리회사, 위탁운영 업체가 각각 자신의 일을 하면서 다른 업체를 견제하는 구조가 생숙 투자자 입장에서 가장 신뢰할 수 있는 형태다. 특히 시행사(분양업체), 건물관리 업체, 위탁운영 업체의 역할을 다 쥐고 있다면, 구조적인 측면에서 봤을 때는 굉장히 위험한 상황이다.

기존에 시행사를 통해 들어온 위탁운영 업체가 일반적으로 규모도 가장 크고 힘도 막강하다. 위탁운영과 건물관리 업무를 동시에 하는데, 후발 업체의 입장에서는 위탁운영은 같이 공존할 수 있어도 건물관리는 중복되는 부분이 많아 장기간 공존하기는 쉽지 않다. 위탁운영은 예약과 객실위생, 청소에 관한 부분이어서 기존에 시행사가 연계된 위탁운영 업체와 크게 갈등의 소지가 적다. 이론적으로 후발 위탁운영 업체는 위탁운영만 전문으로 하는 업체를 선택하는 것이 좋다.

알맞은 위탁운영 업체 찾기

위탁운영 업체를 찾는 건 어려운 일이 아니다. 제일 간편한 방법은 직접 생숙을 운영하는 계약자에게 소개받는 것이다. 장단점을 가장 객관적으로 설명받을 수 있다. 생숙이 지어진 지역에서 평판이 좋은 업체를 소개받을 수 있다면 일이 상당히 수월해진다.

또 다른 방법은 인터넷을 통해 규모가 큰 위탁운영 업체를 찾는 것이다.

계약 업무를 담당할 사람을 정하라

30명 이상의 생숙 계약자들이 모이면 그중에 운영 담당을 몇 명을 뽑아서 위탁운영 업체 계약업무를 진행해야 한다. 운영을 담당할 계약자 수는 5~7명 사이가 적당하다. 네이버 카페나 분양 담당자를 통해 소개받은 계약자들이 소통할 수 있는 온라인 공간을 만들어 지속적으로 소통해야 한다. 카카오 오픈채팅방이 편하게 대화하기 좋고, 네이버 카페는 자료 백업용으로 좋다.

카카오톡 오픈채팅방을 통해 위탁운영 업체 선정과 관련된 이야기를 하거나 네이버 카페 부동산 커뮤니티에 계약자 소통방에 참여해달라는 글을 포스팅하면서 계약자들을 모아야 한다. 가능하다면 분양사무소 앞에서 계약자들에게 참여를 유도하는 홍보물을 만들어 나눠주면서 생숙 계약자들을 모아야 한다. 처음 10명을 모으기가 가장 힘들지만, 한번 10명을 모으면 순식간에 30명, 50명으로 늘어난다. 앞장서서 봉사하는 사람이 필요한데, 보통 누군가는 나서서 일을 진행한다.

투표로 선호 업체를 추천하라

새롭게 위탁운영 업체를 선택하려면 수분양자들끼리 다양한 논의를 거쳐서 2~3개로 위탁운영 업체 후보군을 좁힌 다음에 투표로 위탁운영 업체 한 곳을 추천하는 것이 좋다. 이때 수분양자는 생숙 투자에 대한 경험이 부족하고 잘 모르기 때문에 위탁운영 업체의 설명회를 최대한 많이 참석하고 공부해야 한다. 위탁운영 업체를 잘 선택해야 생숙 투자의 성공 가능성이 커지기 때문이다.

투표에서 1위로 선정된 업체를 반드시 선정하지는 않아도 된다. 자기가 스스로 판단해서 적합하다고 생각하는 위탁운영 업체를 선택하면 된다. 계약자마다 생숙을 투자한 목적이 달라서 수백 명이나 되는 계약자들이 모두 찬성하는 의사결정은 없기 때문이다. 단 30객실 이상이 되어야 위탁운영 업체가 관공서로부터 '영업 중'이 나오기 때문에 최소한 30객실 이상이 확보된 위탁운영 계약 업체를 선정해야 한다.

그렇다면 투표를 하는 목적은 무엇인가? 첫째, 대다수가 선호하는 위탁운영 업체를 알려주기 위함이다. 마치 선거할 때 여론조사와 같은 기능이다. 둘째, 위탁운영 업체 선정 과정에서 업체별 장단점을 비교 분석해서 자신이 생숙을 투자한 목적에 가장 맞는 위탁운영 업체를 알 수 있게 하기 위함이다. 이 2가지 이유를 고려해 실제 위탁운영 업체를 소신껏 선택하면 된다.

위탁운영 업체를 선택한 후 가장 후회하는 사람의 유형은 다음과 같다.

- 단순하게 대다수가 선택한 위탁운영 업체를 선택했다.
- 전문가로 보이는 사람이 선택한 업체를 따라서 선택했다.
- 아는 사람들이 추천하는 업체를 선택했다.

반드시 본인의 주관대로 업체를 선택하되, 정 고민이 되면 생숙에 투자한 목적이 무엇인지를 생각해보면 쉽게 답이 나온다.

생숙을 포함한 모든 투자의 기본은 수익률이다. 위탁운영 업체를 고려할 때 수익률을 극대화할 수 있는지, 예약이 잘 안 되는 경우 계약자에게 어떤 피해가 예상되는지를 가장 우선시해서 고려해야 한다. 위탁운영 업체를 철저히 분석한 후에 투표로 선호 업체를 결정해야 한다.

6단계: 고정비 떠안는 위험 줄이고 가성비 높이는 관리 시스템

내 객실을 잘 알려주는 관리 시스템이 필요하다

생숙의 수익을 내는 구조는 간단하다. 고정비는 줄이고 가성비를 높이는 것이다. 이를 위해서는 이것이 가능한 관리 시스템을 마련해야 하는데, 우선 객실의 정보를 정확히 아는 것이 필요하다. 그러기 위해서는 '개별정산표'가 있어야 한다. 개별정산표란 객실별 수익/비용에 관한 계산서를 말한다.

그러나 전통적인 숙박업체인 '호텔형' 위탁운영 업체(변동수익+변동비용+공동정산형), 초창기 생숙 운영형태인 '고정형' 위탁운영 업체(고정수익/공동정산형)에서는 발급할 수 없다. 이들 구조에서는 전체의 손익계산서를 확인한 후, 전체 객실 수를 1/N씩 나누어서 계산해볼 수밖에 없다.

기존 위탁운영 업체의 손익계산서는 일반인들이 보기에 어렵

:: 개별정산표 예시 ::

08 월 정산서   리센

발신	주식회사 빌트림
송금일	2021년 9월 8일
송금금액	₩2,291,785
정산기간	2021년 08월 01일 ~ 2021년 08월 31일

세 부 내 역

날짜	판매채널	객실판매가	입금		수수료	청소비	송금액		비고
			채널입금가		빌트림수수료 (부가세별도)	지출항목 (부가세별도)	진액		
2021-08-01	에어비앤비								
2021-08-02	에어비앤비								
2021-08-03	에어비앤비								
2021-08-04	에어비앤비								
2021-08-27									
2021-08-28									
2021-08-29									
2021-08-30									
2021-08-31									
총계									

객실료입금 총액	
빌트림수수료 총액(부가세포함)	
청소비 총액(부가세포함)	
정산 송금액	2,291,785

고 일반적인 회계 지식이 필요하다. 예를 들면 매출액, 재료비, 인건비, 기타영업비용(소모품비, 세탁비, 여비교통비, 통신비, 인쇄비, 알선수수료, 지급수수료, 임차료, 접대비, 회의비, 광고선전비, 수선비 등), 영업손익, 영업외손익(금융수익, 금융비용, 투자손익, 기타영업외수익, 기타영업외비용), 법인세비용차감전순손익, 법인세수익(비용) 등 어려운 말이 많이 나온다. 게다가 회계 정보를 열람하기 쉽지 않을 뿐만 아니라 내용을 봐도 내 객실이 어떻게 수익이 나고 비용이 발생했는지 정확히 알 수 없다.

라이트형 위탁운영 업체를 선택하라

개별정산표는 수익과 비용이 명확하게 나타나 있고, 모든 사람이 쉽게 이해할 수 있도록 되어 있다. 이러한 개별정산표는 최신 위탁운영업 비즈니스 모델인 라이트형 위탁운영 업체를 선택한 경우에만 가능하다.

라이트형 위탁운영 업체에는 개별적으로 원하는 것을 요청할 수 있다. 협의해 객실 단가를 일정 수준으로 유지해달라고 할 수 있고(물론 해당 지역을 잘 아는 전문가가 아니고서는 위탁운영 업체에 맡기는 걸 추천한다), 개인이 직접 인테리어를 추가해 타 객실과의 차별성을 줄 수도 있다. 또한 생숙 투자자의 친구나 지인, 회사 동료에게도 객실을 홍보해 스스로 객실판매 영업을 할 수도 있다. 그 수익은 타 객실 소유자와 나누는 게 아니라 오로지 본인에게 귀속된다.

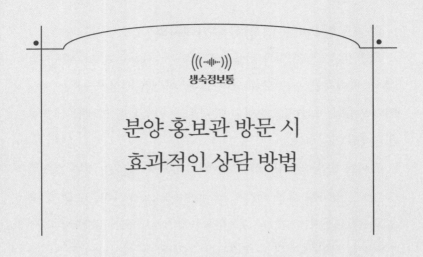

분양 홍보관 방문 시
효과적인 상담 방법

분양 홍보관은 대부분 역세권에 위치해 있다. 자가용보다는 지하철로 이동해서 상담받는 것이 좋다. 분양 홍보관 주변을 걸어다니면서 다른 생숙 정보도 파악할 수 있기 때문이다. 또한 혼자 방문해서 충분히 설명을 잘 들어야 한다. 이때 핵심적인 키워드 위주로 정보를 파악해야 한다. 다른 모든 설명보다 이 핵심 키워드만 파악한다면 생숙에 투자할 때 큰 도움이 된다.

분양 홍보관에서 나눠주는 홍보물에 있는 숫자는 당연히 최고의 수익률, 안전한 자산이라고 나와 있다. 이 브리핑은 참고만 하면 되고 진짜 핵심은 취득, 운영, 처분 단계에 따른 검토사항을 봐야 한다.

취득 단계

취득 시에는 세대수가 500세대 이상인지 여부가 중요하다. 대규모의 세대수는 관리비를 절감할 수 있는 요인이 되기 때문이다. 또한 건물의 규모와 시설이 좋기 때문에 숙박객에게 좋은 인상을 줄 수 있다.

서울, 수도권과의 접근성이 좋아야 한다. 기본적으로 자가용으로 방문 가능한 도로 교통망이 잘 되어 있는지가 가장 중요하다. 철도 등의 개통 계획이 있고 실제 공사를 하고 있다면 이것도 교통 호재로 볼 수 있다.

운영 단계

운영 단계에서 고려해야 할 사항은 위탁운영 업체가 선택권이 있는지 여부다. 가장 좋은 건 위탁운영 업체를 수분양자가 직접 결정하는 것이다. 왜냐하면 시행사(분양사), 위탁운영 업체, 건물관리 업체가 각각 관련이 없어야 나중에 이권 다툼으로 인한 분쟁이 발생할 소지가 적기 때문이다.

기본적으로 시행사(분양사)가 건물관리 업체를 선정한다. 물론 원칙은 관리단 집회를 통해 건물관리 업체가 선정되는 것이 맞다. 하지만 건물 준공 당일날 관리단 집회가 열리는 건 불가능하기 때문에 법적으로 임시 건물관리 업체를 시행사(분양사)를 통해 지정할 수 있게 해둔 것이다. 건물관리를 위해서는 필요한 제도이지만 현실에서는 장단점이 있다.

구조적으로 가장 위험한 건 시행사, 위탁운영 업체, 건물관리 업체가 모두 같은 라인일 경우에 발생한다. 이들의 부정행위가 발생했을 때, 수분양자로서는 개인적으로 문제를 제기해서 해결하기란 불가능하다. 그래서 최소한 위탁운영 업체를 수분양자 쪽에서 결정해야 리스크를 줄일 수 있다.

아직까지는 대부분의 생숙은 시행사(분양사)가 위탁운영 업체를 자체적으로 선정해서 건물관리 업체와 함께 운영하려고 한다. 향후 위탁운영 업체와 관리업체를 구분해서 운영하는 모습이 바람직하다.

처분 단계

처분 단계 시 의무승계 조항의 여부를 확인해야 한다. 자유롭게 매도 가능한지, 매도자가 위탁운영 업체의 계약을 반드시 인계받아야 하는지 여부가 중요하다.

생숙은 간단한 숙식도 가능하기 때문에 개인이 별장 목적으로 쓰려는 분들도 있고, 매수 후 다른 위탁운영사를 선정하고 싶어 하는 경우가 있다. 이때 계약서에 다음 매수자가 반드시 위탁운영 업체와의 계약조건을 따라야 한다고 명시되어 있는 경우 반드시 다음 매수자에게 이러한 사실을 고지해주어야 한다. 수익이 좋으면 그 위탁운영 업체의 계약을 그대로 인계받으려고 하겠지만 그렇지 않을 경우에는 거부할 수 있는 권리도 있어야 한다. 매도할 때 아무런 의무승계 조항이 없어야 팔 때 프리미엄이 더 많이 붙을 수 있다.

4장

생숙
똑똑하게
운영·관리하기

내게 유리한 위탁운영 업체를 고르고 계약하라

노 페인, 노 게인이 가능한 위탁운영 업체와 일하라

노 페인, 노 게인(No Pain No Gain). '고통이 없으면 성과도 없다'
라는 말이 있다. 예약 업무는 굉장히 힘들다. 전문적인 능력과 노
하우가 있어야 업계 평균 이상의 예약률을 유지할 수 있다. 따라서
위탁운영 업체가 혼신의 힘을 다해 마치 자기가 운영하는 것 이상
의 책임감과 능력을 다하도록 만들어야 한다.

노 부킹, 노 커미션(No Booking No Commision). 위탁운영 업체가
예약을 못 하면 수수료를 주지 말아야 한다. 다시 한번 말하지만
예약 업무는 굉장히 힘들다. 전문적인 능력과 노하우가 없다면 업
계 평균 이상의 예약률은 유지할 수 없다. 철저히 생숙 소유자에게
만 유리한 조건이다. 생숙업계에는 이런 조건으로 주된 영업을 하
는 업체도 있다. 지역 거주민에게만 잘 알려져 있고 수소문해야 찾

을 수 있다.

위탁운영 업체와 계약을 맺을 때 가장 우선시해야 하는 조항은 '100% 실적제 운영수수료 지급' 조건이다. 100% 실적제 운영수수료 지급이라 함은, 위탁운영 업체가 객실예약에 성공하면 수수료를 지급하고, 객실예약을 하지 못하면 수수료를 0원 지급하는 조건이다. 나는 이것이 생숙 소유자에게는 최고의 조건이라고 생각한다.

이는 마치 회사로 치면 100% 인센티브제 직원을 채용하는 것과 같다. 생숙 소유자는 사장이고, 위탁운영 업체는 영업사원일 뿐이다. 사장 입장에서는 월급처럼 고정비로 지급하는 것보다는 영업 성과를 내면 그 수익에서 일부를 인센티브로 주는 것을 선호할 것이다. 만약 동일한 조건을 가진 직원이 있다면 100% 인센티브로 급여를 받아가는 직원을 채용할 것이다.

직원 입장에서도 자신이 열심히 일해서 성과를 내야 급여를 가져갈 수 있기 때문에 마치 자기 사업을 하는 것처럼 열심히 일할 것이다. 만약에 100% 인센티브 직원이 가장이고 부양해야 할 가족들이 있다면, 정말 최선을 다해서 최고의 예약률을 올리려고 할 것이다. 딸린 식구를 먹여 살리려면 한눈팔면 안 된다. 잠깐이라도 영업을 안 하고 쉬는 순간 자신이 가져가야 할 수익이 줄어들기 때문이다.

위탁운영 업체 대표는 예약결제, 마케팅, 객실 관리, 전략, 기획 등 모든 일을 맡아서 하는 직원들의 월급과 그 이상을 벌어야 위탁운영 업체를 유지할 수 있다. 100% 실적제 운영수수료를 지급 조건(예약을 못 하면 수수료 0원 지급)으로 하는 위탁운영 업체는 전국에서 손꼽힌다. 이런 조건으로 위탁운영업을 하려면 정말 실력이 대단하거나, 생숙 소유자들에게 확실한 수익을 줄 수 있다는 자신감이 기본으로 깔려 있어야 가능하기 때문이다.

고정비용을 0원으로 만들어주는 위탁운영 업체가 좋다

위탁운영 업체가 객실예약을 못 하면 수수료를 0원 지급한다는 의미는, 다른 말로 하면 고정비용을 0원으로 만들자는 의미와 같다. 아래 생숙 객실의 손익계산서를 보면서 설명을 돕고자 한다.

일반적으로 1번 비용인 위탁운영 업체 비용(수수료)도 고정비로

:: **객실 운영수익 현금흐름표** ::

항목	대상	설명
수익	숙박객	객실예약결제
비용 1 (개별 선택 가능)	예약 채널 (에어비앤비, 야놀자 등)	예약 채널 수수료 차감
	위탁운영 업체	위탁운영 수수료 차감
		객실 청소비 등 차감
정산금	**소유자 계좌**	**수익금**
비용 2	건물관리 업체	(건물)관리비 납부
비용 3 (개별 선택 가능)	금융기관 대출	대출이자 납부
순수익	**세전 순수익금**	

알고 있는 경우가 많다. 왜냐하면 대부분의 위탁운영 업체는 예약률이 없더라도 생숙 계약자에게 고정비를 부과하기 때문이다. 회계상으로는 위탁운영 업체의 인건비 등 각종 경비로 계산되지만, 모든 비용은 객실 수입에서 차감하기 때문에 궁극적으로는 생숙 계약자가 부담하는 것이 된다.

2번 비용은 전체 계약자에게 부과되기 때문에 건물관리 업체를 변경하지 않는 한 회피 불가능한 고정비용이다. 3번 비용인 금융기관 대출이자 역시 대출을 했다면 납부해야 하는 고정비 성격이다.

생숙 소유자에게 1순위로 수익배분을 해주어야 한다

대부분의 위탁운영 업체에 고정비용(고정 수수료)이 발생한다는 의미는, 객실 수익을 가져가는 우선순위가 1순위 위탁운영 업체, 2순위 생숙 소유자라는 의미와 같다. 위탁운영 업체는 객실판매 수익으로 자신들의 최소 운영경비를 우선적으로 충당한다. 운영경비를 모두 사용하고 남는 수익이 있다면 생숙 계약자들에게 배분할 것이다. 만약 운영수익이 충분하지 않다면 수익을 배분할 돈이 없다. 생숙 소유자에게 배분될 수익금은 0원일 것이다. 오히려 적자 폭이 쌓이면 일방적으로 계약해지를 하며 생숙 소유자에게 적자에 대한 변상을 요구할 수 있다. 실제 위탁운영 업체에서 허위로 회계장부를 작성해 계약해지 후에 소유자가 떠안게 되어 법적 분쟁상황이 발생하는 사례도 있다.

골치 아픈 상황을 해결하기 위해서는 '변동수익(VR)+변동비용 (VE)+부담부존재(NO)+개별정산금(PD)' 구조가 가장 안전하다. 생숙 소유자가 객실판매 등으로부터 얻은 수익은 변동수익(VR)이어 야 하고, 위탁운영 업체에 지불하는 수수료 비용(VE)도 예약률에 따라 변동되어야 한다. 하지만 위탁운영 업체가 운영하는 경비에 대해서는 일절 책임질 의무가 존재하지 않아야 한다(NO). 부담존재(O)는 실질적으로 위탁운영 업체의 운영비용을 누가 책임지고 부과하느냐의 문제인데, 소유자에게 있는 경우를 말한다. 바람직한 위탁운영 업체라면 계약서에 자신들이 감당할 수 있는 적자금액을 적어놓고, 그 이상은 자동 계약 해지된다고 명시해 놓는다.

아직은 국내의 생숙 시장이 발달하지 않아서 공동정산형 호텔형 구조를 많이 활용하긴 한다. 위탁운영 업체가 운영경비를 차감하는 방식으로 수익배분의 1순위 자리를 차지한다. 객실 소유자는 수익배분의 2순위다. 이렇게 되는 이유는 '변동수익(VR)+변동비용 (VE)+부담존재(O)+공동정산금(GD)'으로 하기 때문이다.

객실을 판매해 받은 수익을 맨 처음 누가 가져갈까? 내 객실, 내 소유의 객실이지만, 대부분의 위탁운영 업체는 객실 수익을 생숙 소유자보다 우선해 가져간다. 예약률에 상관없이 발생하는 고정비용(인건비 등)에 우선적으로 사용하기 때문이다. 이 경우 공동정산 위탁운영 업체의 업무 능력이 떨어져서 예약률이 낮거나 과도한 고정비용을 사용한다면, 생숙 소유자는 수익을 하나도 가져갈 수 없다. 위에서 언급한 대로, 적자를 떠안아 생숙 소유자가 빚을

:: 운영비용의 실질 부담 주체가 '객실 소유자'인 경우의 수익배분 ::

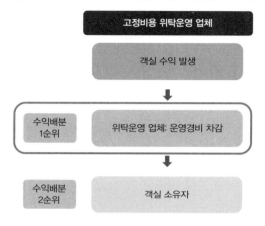

:: 운영비용의 실질 부담 주체가 '위탁운영 업체'인 경우의 수익배분 ::

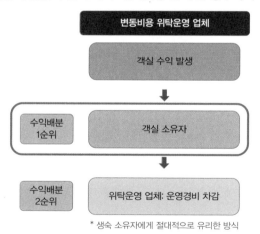

* 생숙 소유자에게 절대적으로 유리한 방식

질 수 있는 상황에도 이를 수 있다.

따라서 수익배분 1순위에 주목할 필요가 있다. 객실을 판매해 얻은 수익을 누가 가장 처음 사용하느냐의 문제이기 때문이다.

앞 페이지 하단 도표는 내가 강력히 추천하는 '변동수익(VR)＋변동비용(VE)＋부담부존재(NO)＋개별정산금(PD)'의 위탁운영 업체의 수익모델이다.

객실 수익이 발생하면, 우선적으로 생숙 소유자 수익에 배분한다. 위탁운영 업체가 어떤 운영비용을 가지고 있는지는 상관없다. 생숙 소유자는 먼저 수익을 가져갈 수 있다. 감탄이 절로 나올 만큼 소유자에게 가장 좋은 방법이다. 이 구조하에서는 위탁운영 업체가 직원을 10명에서 100명으로 늘리고, 마케팅비를 월 100만 원에서 월 1,000만 원을 쓰더라도 생숙 소유자의 책임은 하나도 없다. 즉 객실 수익이 우선이기 때문에 심지어 위탁운영 업체가 손실이 나도 계약자는 수익금을 받을 수 있다.

결론적으로 생숙 투자자, 소유자에게는 다음 페이지의 도표 내용과 같이 선호된다. 조금 어려운 이야기지만, 오른쪽의 변동비용(위탁운영) 업체의 수익배분 순서를 고려해 생숙 소유자와 위탁운영 업체의 관계를 분석하면 다음과 같다. 생숙 소유자는 위탁운영 업체에 대해, 수익을 '청구할 권한'은 채권자(Lender)로서, 수익을 '배분 받을 권한'은 주주(Shareholer)로서의 권한을 가진다.

채권자는 돈을 빌려주는 사람을 말한다. 그렇기 때문에 돈을 돌려받을 권리가 강하다. 돈을 빌려간 사람이 사업을 잘하건 못하건

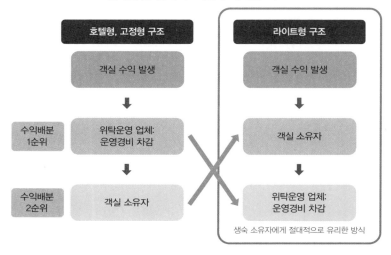

:: 위탁운영 업체 구조별 수익배분 비교 ::

호텔형, 고정형 구조

객실 수익 발생

수익배분
1순위

위탁운영 업체:
운영경비 차감

수익배분
2순위

객실 소유자

라이트형 구조

객실 수익 발생

객실 소유자

위탁운영 업체:
운영경비 차감

생숙 소유자에게 절대적으로 유리한 방식

간에 원금, 이자를 받을 강력한 권리가 있고, 돈을 빌려간 채무자도 돈을 되갚을 의무가 있다. 변동비용 업체(100% 실적제 위탁운영회사)의 생숙 소유자는 위의 위탁운영 업체가 사업을 해서 번 돈을 업체보다 우선해 가져갈 수 있을 만큼의 강력한 힘을 가지고 있다.

주주는 남은 돈을 배당받을 수 있는 회사의 주인이다. 회사가 한 해 사업을 잘해서 이익이 많이 남으면 남은 이익에서 배당을 받을 수 있다. 이 이익은 회사가 사업을 위해 필요한 영업활동 등 모든 부대비용을 차감해 남는 돈을 말한다. 즉 회사가 일단 버는 돈을 영업비용 등에 충당한 다음 남은 이익을 주주에게 배당으로 납부할 수 있다. 앞의 변동비용 업체는 주주처럼 수익을 배당(정산)받는다. 그런데 라이트형 구조에서는 남은 수익에서 배당을 받는 게 아니라, 최초 버는 수익에서 우선적으로 배당을 받는다.

그렇다면 라이트형 업체는 어떻게 사업을 유지할 수 있을까? 변동비용 업체는 객실을 판매해 얻을 수 있는 수익에서 사전에 정해진 수수료 안에서 운영해야 한다. 사업 운영 능력은 업체의 내부경영 능력에 달려 있으므로 생숙 소유자는 이를 고려하지 않아도 된다. 이 구조에서 생숙 소유자는 고정비용(인건비, 객실 관리비 등)을 부담할 리스크를 위탁운영 업체에 떠넘기는 것과 같다.

이 구조에서 생숙 소유자와 위탁운영 업체가 상생이 가능할까? 얼마든지 가능하다. 왜냐하면 위탁운영 업체가 열심히 객실을 판매해 올린 수익을 생숙 소유자에게 잘 배분하면 아무런 문제가 없기 때문이다. 오히려 실력 있는 위탁운영 업체는 이 방법을 선택할 것이다.

이런 비즈니스 모델로 성공적인 운영을 하고 있는 위탁운영 업체가 있다는 사실을 처음 접했을 때는 굉장히 신기했다. 위탁운영 업체가 살아남기 위해서는 오로지 객실예약률을 높여야만 한다.

이 구조는 생숙의 소유자가 원하는 목적과 정확히 일치한다. 이거야말로 소유자의 영업, 운영 위험을 거의 0%로 만드는 구조다. 이런 위탁운영 비즈니스 모델이라면 과거 초창기 생숙에서 문제가 되었던 위탁운영 업체 운영비용 떠넘기기, 확정 수익금을 지급하지 않고 폐업하는 사례 등 소유자에게 가장 피해를 주는 상황이 발생하지 않는다.

객실 수익 중 위탁운영비용 비율 추정

변동수익(VR)+변동비용(VE)+부담존재(O)+공동정산금(GD) 위탁운영 업체(이하 공동정산 위탁운영 업체)보다, 변동수익(VR)+변동비용(VE)+부담부존재(NO)+개별정산금(PD)(이하 개별정산 위탁운영 업체)인 경우, 생숙 수익자에게 유리한 절대적 이유가 하나 더 있다. 개별정산 위탁운영 업체는 100% 실적제, 즉 예약이 없으면 수수료 0원이 지급된다.

공동정산 위탁운영 업체인 경우 수익에서 비용이 차지하는 비율은 40~100%다. 고정비용 100%의 의미는 위탁운영비용이 수익과 같을 때다. 예를 들면 공동정산 위탁운영 업체가 100원 수익을 벌고, 40~100원의 비용이 발생하면, 수익은 0~60원이다. 비용비율은 40(40/100)~100%(100/100)다. 비용이 많아서 적자가 나면 소유자가 떠안아야 될 수 있다. 위탁운영 업체 입장에서는 소유자로부터 받아야 할 돈을 비용으로 대신 내주고 있을 뿐이다. 오히려 정직한 위탁운영 업체라면 계약서에 일정 이상 손실까지는 자신들이 감당하고, 그 이상의 손실이 오면 위탁운영 계약을 해지한다는 내용이 있어야 한다.

하지만 개별정산 위탁운영 업체(100% 실적제)는 수익에서 비용이 차지하는 비율이 20~40%대로 가볍게 운영된다. 이 비율을 계산해보면, 개별정산 위탁운영 업체가 100원 수익을 벌 때, 20~30원의 비용 발생으로, 수익은 70~80원 정도가 된다.

라이트형 위탁운영 업체는 마치 무료로 배포되는 컴퓨터 백신

프로그램 가운데 최소한의 필요 기능으로 빠르게 설치되는 소프트웨어와 같다. 기름기를 쫙 뺀 돼지고기처럼, 군더더기 없이 알맹이^(수익)만 생숙 소유자에게 돌아가게끔 완성된 사업 모델이라 할 수 있다.

자가운영을 하면 안 되는 이유

레지던스 호텔이 영업을 시작하면 처음 몇 달은 일부 극소수가 위탁운영 업체와 계약하지 않고 직접 운영을 하는 경우가 있다. 그런데 시간이 가면서 전부 위탁운영 업체로 다시 옮겨가려고 한다. 그런데 위탁운영 업체는 개인운영 경험이 있는 객실을 위탁운영 하는 것을 상당히 꺼리는 편이다. 개인 운영을 하는 소유자들 중에는 객실 단가를 지나치게 저가로 책정해서 건물 내의 객실예약 가격 정책을 크게 훼손하면서까지 하는 분들이 더러 있어서, 위탁운영 업체를 이용하는 객실 소유자에게 상대적으로 피해를 준 경우가 있었기 때문이다. 이런 경우에 기존 위탁운영사의 계약자들은 혼자 개인 영업을 하다가 다시 위탁운영 업체로 넘어오려는 소유자들의 객실을 맡지 말라고 단체로 항의할 수도 있다.

개인이 위탁운영을 하던 경우나 중간에 위탁운영 업체와 계약을 해지했다가 나중에 다시 계약을 요청하는 경우에는 거의 대부분 받아주지 않는 것으로 알고 있다. 위탁운영 업체 입장에서도 이런 상황을 받아주면 선례가 되어서 위탁계약을 해지하고 나중에 필요할 때 다시 계약을 요구하는 등 악용하는 사례도 있기 때문이다. 그 결과 검증되지 않은 위탁운영 업체와 울며 겨자 먹기로 계약했다가 기대하는 수익을 얻지 못하고 오히려 손실만 떠안게 되는 피해 사례도 많다. 위의 이유로 레지던스 호텔을 분양받을 때는 개인운영을 절대 해서는 안 되고, 위탁운영 업체를 선택할 때는 반드시 검증된 위탁운영 업체와 계약해야 한다.

위탁운영계약서 분석 방법과 주의사항

시행사(분양사)에서 선정한 임시 건물관리 업체가 이미 관리 업무를 하고 있는 상황에서 위탁운영 업체를 수분양자가 선정하려고 할 때는 다음과 같은 상황을 고려해 분석해야 한다.

위탁운영 업무만 하는 위탁운영 업체의 계약서 분석

생숙 건물이 위치한 지역에 비슷한 세대, 신축 건물의 객실 가격을 위탁운영계약서에 대입해서 실제 수익성을 분석해볼 수 있다. 성수기, 비수기, 주말 및 휴일로 가격을 나누어서 분석 가능하다.

크게 위탁운영 수수료와 객실청소관리비가 얼마인지가 중요하다. 건물관리비는 임시 건물관리 업체에서 부과하는 비용을 납부하기 때문에 추가로 중복되는 관리비가 없어서 분석을 하지 않아도 된다.

위탁운영과 건물 관리업무를 같이 하는 업체의 계약서 분석

위와 동일하게 위탁운영 수수료와 객실청소관리비를 분석해야 한다. 이후 건물관리비를 예상해야 한다. 건물관리까지 같이 하는 위탁운영 업체의 경우 계약서에 위탁운영 업무와 건물관리 업무에 대한 세부조항이 자세하게 설명되어 있다.

건물관리비는 일종의 고정비용이다. 객실의 운영과 상관없이 지불하는 비용이기 때문에, 예상 관리 인력을 문의해보고 인건비를 계산해봐야 한다.

가장 큰 주의사항은 기존에 임시 건물관리 업체(초기에 시행사가 지정한 위탁운영 업체가 건물관리도 같이 한다)가 있는 경우다. 임시 건물관리 업체에 11명의 관리 인력이 있는 경우, 인건비를 월 250만 원으로 계산하면 한 달에 2,750만 원이다. 만약 객실이 300객실이면 한 달에 91,700원 정도, 500객실이면 55,000원 정도인데, 위의 상황에서 추가로 건물관리도 같이 하는 위탁운영 업체가 들어오게 된다면 추가로 중복되는 관리비가 증가한다. 전체 총괄 소장, 전기, 수도, 보일러, 주차, 쓰레기, 경비 인력 등 많은 부분에서 중복될 수가 있다.

그래서 신규로 들어오는 건물관리까지 하는 위탁운영 업체는 기존 건물관리 업체와 충돌이 일어나는 것이다. 같이 상생하자니 중복되는 인력이 있어서 관리비가 올라가는 문제점이 있고, 둘 중에 한 업체만 관리업무를 하자니, 건물관리 업무가 중복이 되는 것이다. 다른 관리업체는 짐을 싸고 떠나야 하기 때문이다. 그러다 보니 분쟁이 발생할 수 있다.

장기적으로는 시행사(분양사)는 건물을 잘 지어서 객실을 팔았을 때 나오는 분양 수익을, 위탁운영 업체는 높은 예약률과 객실관리로 인해 발생하는 운영수익, 건물관리 업체는 필수 인력으로 건물 시설물 관리를 통해 발생하는 건물관리비 수익만을 추구해 각자의 업무영역을 지키는 것이 바람직하다.

연 4회, 내 소유의 객실을 반드시 이용하라

내버려두면 내버려진다

내 생숙이라면 반드시 1년에 4번 내 소유 객실을 이용해야 한다. 당연한 말로 들리지만 그렇지 않은 경우도 있다. 왜냐하면 수익을 공동정산배분 방식으로 위탁운영을 하는 업체와 계약하면 내가 분양받은 객실이 엄연히 등기권리증에 있음에도 불구하고 내 객실을 내 마음대로 사용할 수 없다. 이렇게 되면 마치 부동산 공유지분투자를 한 것처럼 되어버린다.

부동산투자에서 공유지분이란 공유지분등기를 의미하며, 하나의 물건에 다수의 소유자가 지분비율로 소유하는 경우 공유지분이라고 한다. 하나의 물건을 공유자들이 공동으로 소유하는 것이어서, 본인의 지분에 대해서는 상대방의 동의 없이 마음대로 매매할 수 있다. 하지만 물건 전체를 처분할 때는 공유자 모두의 합의가 있어야 한다.

투자자가 사용하지 않고 임대수익만을 받기 원하는 투자 목적을 가진 투자자라면 공유지분투자도 맞을 수 있다. 하지만 시장에서는 공유지분에 대해서는 대출이 쉽지 않고, 소유자가 독단적으로 마음대로 사용할 수 없어서, 가격이 낮게 형성된다.

개별정산형 위탁운영 업체는 내 객실을 사용할 수 있다

공동정산배분 방식의 위탁운영 업체에서는 생숙 소유자에게 자기 객실을 지정해서 사용하는 것을 허락하지 않는다. 자기와 같은 크기의 다른 객실에 일반 손님처럼 예약하면 시스템에 의해 무작위로 배정되게 된다. 내 부동산을 내 마음대로 못 쓴다면 억울하지 않은가? 더군다나 나중에 팔 때 공유지분투자를 한 것과 같은 상황이라 본인이 마음대로 쓸 수 있는 생숙 가격보다 낮게 잡힌다.

간단히 생각해서, 같은 값이면 내가 산 생숙에서 숙박할 수 있는 생숙과 그렇지 못한 생숙 중에 어떤 것을 사고 싶어 하겠는가? 당연히 내가 숙박할 수 있는 생숙이 인기가 많을 것이다. 따라서 생숙 투자를 한다는 것은 부동산 공유지분투자처럼 일정 면적의 비율이 내 권리가 아니라, 엄연히 등기가 가능한 부동산 물건을 사는 것이다. 소유자가 배타적으로 객실의 소유권과 사용권을 모두 행사할 수 있어야 한다.

우리는 앞서 수익, 비용, 운영비 부담 실질 주체, 정산 방법에 따른 위탁운영 업체의 형태를 분석했다. 이 중 개별정산형 위탁운영 업체는 투자자가 소유한 객실을 지정해서 사용할 수 있다. 내 소유의 객실을 사용한다는 말을 생숙업계에서는 '자가 사용'이라고 표현한다. 업체에 따라 다르지만, 최대 연 90일 또는 연 30일로 제한을 한다. 계약자의 자가 사용일수가 많으면, 위탁운영 업체 입장에서는 숙박객에게 예약을 하게 해줄 객실이 줄어드는 효과가 있어서 꺼리게 된다. 자가 사용을 하는 계약자는 최소의 청소비 또는 50% 할인된 금액으로 사용하게 한다. 그렇기 때문에 위탁운영 업체 측면에서는 수익이 줄어들게 된다.

내 객실 사용 옵션은 일종의 프리미엄으로 매매가에 반영

생숙을 세컨드하우스 개념으로 구매한 계약자의 경우에는 자가 사용일수에 상당히 민감할 수 있다. 본인의 라이프스타일에서 중요하기 때문이다. 그렇다면 가장 적합한 자가 사용일수는 얼마나 될까? 세컨드하우스 개념으로 쓰는 이들에게는 52일이 적합하다. 단순히 1년 52주로 계산했다. 가령 속초지역에 1주일에 1번씩 가는 사람이 있다면 정말 대단한 것이다. 대부분은 많이 가야 1달에 1번 정도니 12일도 충분하다.

처음에는 세컨드하우스 목적으로 샀더라도, 객실 운영수익이 잘 나오면 자가 사용을 잘 안 하게 된다. 단순하게 계산해서 내가 하루 1일 객실 수익을 얻을 수 있다. 돈 욕심이 생겨서라도 잘 안

간다. 그러므로 자가 사용일수에 크게 연연하지 않아도 되지만 내 객실 사용은 반드시 가능해야 한다. 그래야 내 집처럼 애정을 주면서 가꿀 수 있다. 나중에 매도할 때, 본인 객실 사용이 불가한 객실에 비해 프리미엄을 받고 매도할 수도 있다. 부동산투자에서 소유권을 행사할 수 있는 물리적인 범위가 명확하지 않는 지분(비율)투자 방식은 선호되지 않는다. 예를 들면 지분투자로 부동산을 매수하는 경우 100평의 10% 비율만 내 몫이다. 그 부분은 물리적으로 구분할 수 없어서 10평을 사도 10평의 공간을 매수자 마음대로 사용할 수 없다. 가격이 저렴할지라도 사려고 하는 사람들의 수가 적은 이유가 여기에 있다.

생숙은 엄연히 등기에 독립적인 자산이라고 명시되어 있다. 내 객실을 내가 사용할 수 있는 건 당연한 재산권 행사다.

잘 팔리는 객실 운영을 돕는
5가지 노하우

매달 객실별 정산표를 받아라

매달 객실별 정산표를 받는 것은 개별정산형에서만 가능한데, 매달 수익금과 세부 내역을 확인할 수 있다. 매달 꼬박꼬박 들어오는 수익금의 세부내역을 확인하는 데에는 2가지 목적이 있다. 첫째, 내 객실의 월별 매출 변화를 파악할 수 있다. 월별 매출 추이를 알게 되면 다음 해부터 객실판매율이 높은 기간에는 가격을 10% 높이더라도 충분히 판매율을 유지할 수 있음을 예상할 수 있다. 수익성이 높아지는 것이다. 반대로 객실판매율이 낮은 시기에는 예약률을 높이기 위한 여러 가지 전략을 세울 수 있다. 위탁운영 업체에서 하는 업무지만, 객실판매율을 조금이라도 높이기 위해 객실 소유자도 같이 노력을 해야 예상수익보다 훨씬 초과하는 수익도 기대할 수 있다.

전국에서 개별정산 서비스를 진행하는 위탁운영 업체는 매우 희귀하다. 이러한 위탁운영 업체가 있다면 전문성과 신뢰성을 확신해도 된다. 업체 입장에서는 개별 계약자에게 월별 정산서를 발행하는 게 상당히 까다로운 업무이기 때문이다. 앞으로는 생숙이 숙박업계에서 점점 큰 비중을 차지해갈 것이고, 개별정산표의 장점을 아는 투자자가 많이 증가함에 따라 개별정산 서비스를 채택하고자 하는 위탁운영 업체도 증가할 것이다. 또한 30~40대의 젊은 대표와 전문 인력이 운영하는 위탁운영 업체도 점점 늘어날 것이다. 기존의 보수적인 호텔, 숙박업계가 젊은 에너지를 통해 한층 더 발전하고 있다.

인테리어, 소품 200% 활용의 마법

개성 있는 인테리어와 소품은 순식간에 숙박객의 예약률을 올려준다. 인테리어와 소품이 얼마나 강력한지는 에어비앤비 예약률을 통해 확인할 수 있다. 현재 기준으로 약 2달 이내에 80% 이상의 예약이 차 있는 객실이라면 그 객실을 연구해야 한다. 성수기, 비수기 구분 없이 인테리어와 소품이 이쁜 객실은 항상 손님과 좋은 댓글로 북적인다. 누가 보기에도 한 번쯤은 숙박을 해보고 싶은 생각이 들 정도다. 여행지에 가서 쉬고 자기 위한 객실이 아니라 그 객실이 너무 이뻐서 한번 가보고, 간 김에 그 지역 여행을 가게 된다.

주의해야 할 점은, 본인의 인테리어 취향이 너무 강하면 예약률이 극과 극일 수가 있다는 점이다. 평균 이하의 예약률이거나 평균 이상의 예약률이 나올 수 있다. 월 20% 이하의 예약률 또는 월 80% 이상의 예약률이 나올 수 있다. 이 리스크를 최소화하기 위해서는 이미 에어비앤비에서 인테리어와 소품으로 인해 예약률이 높은 객실을 벤치마킹한 후에 일부는 자신의 개성을 담은 인테리어와 소품을 보충하는 것이 가장 안정적이다. 만약 에어비앤비로 80% 이상의 예약률을 가져가면 1객실에서 비수기에는 130만 원 정도, 성수기에는 320만 원 정도 월별 정산금이 나올 수 있다.

인테리어와 소품으로 객실예약률이 높은 객실은 타 경쟁객실에 비해 가격도 10~ 30% 이상 비싸다. 연휴, 공휴일 등에는 그 이상으로도 비싸게 판매될 수 있다. 이렇게 객실이 잘 팔리면 1객실만 갖고 있어도 생활에 큰 보탬이 된다. 처음에는 이렇게 똘똘한 생숙한 채로 시작해서 경쟁력 있는 객실을 만들고 추가로 매입해 같은 전략을 쓴다면, 가장 성공하는 생숙 투자자가 될 것이다.

사진의 마법을 활용하라

인테리어 소품이 '쌩얼'이라면, 사진은 화장이다. 아무리 쌩얼이 이쁘고 잘생겼더라도 사진을 잘못 찍으면 이상하게 나온다. 그렇다면 사진은 어떻게 찍어야 잘 찍는 것일까? 정답은 에어비앤비에서 잘 나가는 객실의 사진을 참고하는 것이다. 똑같이 찍으면 큰 의미가 없고, 2달 이내에 평균 예약률이 80% 이상인 객실의 사진 콘셉트를 참고해서 스스로 재해석하고 재창조해 자신의 객실에 적용시켜야 한다. 숙박객의 연령과 트렌드를 고려해 사진을 찍어야 한다. 앞에 언급한 인테리어, 소품과도 연관이 된다. 주의해야 할 점은 실제 인테리어와 소품에 비해 허위·과장 사진으로 홍보한다면, 실제 방을 이용한 숙박객으로부터 곧바로 좋지 못한 후기를 받을 수 있다는 것이다. 먼저 매력적인 객실을 만드는 것이 중요하다.

사진의 교체주기는 계절을 고려해 바꾸는 것이 좋다. 최소 여름 1회, 겨울 1회 이렇게 총 2회를 하거나 부지런한 생숙 소유자는 계절별로 찍어서 업로드하는 것이 좋다. 너무 많은 사진을 찍을 필요도 없이 대표사진 1~2장만 바꿔도 좋다. 숙박객은 맨 처음 사진을 보고서 해당 객실을 더 보려고 클릭할지 말지 1~2초 이내로 결정하기 때문이다. 순식간에 숙박객의 눈을 사로잡을 수 있는 사진이 중요하다.

사진을 잘 찍어서 숙박객의 눈길을 사로잡은 객실의 공통점은 사진 찍을 때 '객실 내부'에서 승부를 걸었다는 점이다. 왜냐하면 생숙을 이용하는 숙박객은 대부분 밖에서 실컷 놀고 자러 올 때쯤 밤늦게 숙소에 들어온다. 이미 밖에서 실컷 즐겼고 충분한 만족을 느꼈다면 숙소에 온 이상 숙소 안에서의 감동을 느끼고 싶어 한다. 객실 내의 만족도를 높이는 건 '조망'보다는 개성있고 감성있는 실내 인테리어·소품이다. 내가 조사해봤을 때 조망 프리미엄은 20~30%, 감성 있는 인테리어 프리미엄은 10~40%다.

풍성한 후기로 고객 유치에 힘써라

양질의 좋은 후기는 돈을 지불하지 않으면서 객실 광고를 할 수 있는 강력한 무기다. 똑똑한 숙박객들은 호텔에서 묵을 객실을 보고, 다른 가격대의 객실도 살펴본다. 그러면서 후기가 많은 객실을 더 눈여겨보게 되고 예약을 한다. 그렇다고 무조건 후기가 많다고 예약을 보증하는 것은 아니지만, 객실에 달린 많은 후기는 처음 예약을 하려는 숙박객에게 '이 방은 인기있고 좋은 방이구나' 라는 생각을 갖게 한다. 우리가 '배민'으로 음식 예약을 할 때도 좋은 후기가 많이 달려야 맛 좋고 인기있는 메뉴로 인식하는 것과 같은 이치다.

후기를 늘리기 위해서는 다양한 방법이 있다. 지인에게 선물로 숙박을 하게 해서 후기를 부탁하는 것도 하나의 방법이다. 살면서 도움을 받고 고마워했던 지인들에게 연락해 선물을 하는 것이다. 갈지 말지는 선물받은 사람의 몫이지만, 일단 객실을 사용할 수 있게 선물한다면 그동안의 빚을 지고 있던 마음도 잘 해소할 수 있다. 보통 30명에게 보내면 그중에 1.5명이 실제 예약을 한다. 엄청난 가성비다! 지인 30명에게 고마움을 표현하고 은혜를 갚는 시간이 고작 에어비앤비 링크를 보내는 몇 분의 시간과 1.5명을 위한 객실예약비용 정도다. 지인이기 때문에 웬만해서는 내 객실에 묵고 나서 좋은 후기를 남겨준다. 이 또한 소중한 자산이다(허위 후기는 금물이다).

만약 후기로 악플이 달리더라도, 이후에 상황을 개선한다면 위기를 극복할 수 있다. 보통은 마지막에 달린 후기일수록, 예약에 가장 큰 영향을 준다. 예를 들면 이번에 생숙을 예약하려고 하는데, 몇 달 전에 좋지 않은 댓글이 많더라도, 그 이후에 긍정적인 댓글이 달린다면 예약자 입장에서는 제법 마음이 놓인다. 계약자 입장에서는 후기의 내용을 근거로 문제점을 개선할 수 있는 기회가 될 수 있다. 객실예약자에게 영향을 주는 댓글은 가장 마지막 후기 5개다. 악플이 있더라도 좋은 객실 후기가 많아서 뒤로 밀어내면 (6번째) 숙박객들이 예약할 때의 고려사항이 아니다. 이미 앞의 좋은 댓글 5개를 보면서 인식이 잡히기 때문이다.

임대사업자로서 평온한 마인드를 유지하라

생숙에 투자하고 객실예약이 시작되면 실제적으로 매달 수익이 나기 때문에 관심이 쏠릴 수밖에 없다. 이때 다음과 같은 마음을 다지면서 여러 상황에 감정적으로 휘둘리지 않도록 해야 한다.

예약률에 일희일비하지 않는다

생숙 투자자들은 예약률에 따라 그날 기분이 오르락내리락할 수 있다. 예약이 잡히면 수익과 직결되기 때문에 하루에도 몇 번씩 에어비앤비 사이트에 들어가서 예약 현황을 확인하며 조급해 할 수도 있다. 예약이 잡히면 하루에 적게는 2~3만 원에서 많게는 12~13만 원의 수익이 발생하기 때문이다. 그러나 이런 조급함은 시간이 지나면 자연스럽게 줄어들 수 있다. 처음 몇 달간은 자주자주 현황을 확인하며 시간을 보내지만 시간이 갈수록 보는 횟수가 줄어든다. 마치 주식처럼 수익이 매일 매일 발생할 수 있기 때문에 계속 궁금한 것이다.

객실예약이 꾸준하면 기분이 좋지만, 객실예약이 좋지 않은 달은 기분이 안 좋을 수 있다. 이는 투자수익을 내기 위한 긍정적인 감정 변화지만 그래도 어느 정도는 이런 상황에 초연해질 필요가 있다. 부동산은 주식과는 다르다는 점을 기억하자.

내 객실예약률만 보라

다른 객실은 예약이 잘되는 것 같은데 나만 예약이 잘 안 된다고 생각할 수도 있고, 다른 객실을 밀어주어 예약이 잘되는 것으로 생각하는 분들도 있다. 에어비앤비 시스템상으로 이는 절대 불가능하다. 예약자가 100% 예약에 관한 의사결정을 한다. 누가 예약하려고 하는지 위탁운영 업체는 알 수가 없다. 에어비앤비 시스템하에서 모르는 사람에게 특정한 객실을 예약하라고 요청할 수도 없을뿐더러, 요청에 따라주는 사람은 없다고 딱 잘라서 말할 수 있다. 위탁운영 업체와 친해 보인다고 예약이 잘되는 것도 불가능할뿐더러 위탁운영 업체에서는 특정한 몇 사람의 객실이 예약이 잘되게 할 수도 없다. 모든 객실의 객단가는 거의 유사하고 그런 행위가 발각되었을 시 위탁운영사는 바로 문을 닫아야 하는 상황이 생기기 때문에 변동수익, 개별정산을 채택한 위탁운영 업체의 경우에는 불가능하다.

온라인 채팅방은 신중히 사용하라

요즘에는 카카오톡 오픈채팅방을 활용해서 신속한 소통이 가능하다. 생숙 소유자들은 대개 개설된 온라인 채팅방을 공유하는데, 이곳은 좋은 정보가 공유되기도 하지만 왜곡된 정보가 공유되기도 한다. 익명의 대화창이다 보니 의도가 잘못 전달되어 감정싸움을 하는 경우가 있고, 몇몇 특정인만이 글을 올려 채팅방의 대화를 주도하기도 한다. 전체 채팅방에 100명이 있으면 이 중에 20명 정도만 대화에 참여하고, 20명 중에서도 10명 이내의 분들이 대화를 주도한다. 대략 전체의 10% 정도만 활발하게 이야기한다. 다른 사람들은 채팅에 큰 관심이 없거나 읽기만 하고 글을 쓰지 않는다. 가능하면 채팅방에서는 정보와 관련된 글만 쓰고, 그 외에는 글을 쓰지 않는 걸 추천한다. 알람이 계속 울릴 수 있으니 채팅방을 무음으로 설정하거나 혹은 잠시 나가 있다가 들어오는 것도 좋다. 네이버 카페에도 가입되어 있다면, 카페 주요 공지글만 확인하는 것도 좋은 방법이다.

개별정산 위탁운영 업체의
오해와 앞으로의 상생 방법

돈은 두 손으로 세야 빠르다

위탁운영 업체가 주로 쓰는 오른손이라면, 생숙 소유자는 보조로 쓰는 왼손과 같다. 비록 위탁운영 업체가 객실예약 업무를 전담하더라도, 생숙 소유자도 같이 객실 홍보를 한다면 수익성이 더 올라간다. 요즘에는 친구들이나 지인 모임의 단체 채팅방이 많은데, 충분한 관리를 잘했다면 30~100명이 있는 단체 채팅방에 에어비앤비 객실 링크를 올림으로써 많은 관심을 이끌 수 있다.

예약으로 이어지지 않더라도 많은 사람들이 나의 에어비앤비 객실 링크를 클릭함으로써 홍보 효과를 줄 수 있다. 시기가 잘 맞으면 10개 이상의 예약이 단번에 들어오는 경우도 있다. 친한 지인들이라면 예약하고 사용한 후에 적극적으로 후기도 써준다. 이때 가능하면 솔직하게 써달라고 해야 한다. 과장되서 후기를 남기면 나중에 그 후기를 읽고 오는 다른 숙박객이 좋지 않은 후기를 쓸 가능성이 많기 때문이다.

100% 좋은 후기를 가진 객실은 없다. 풍성한 후기를 많이 갖되 긍정적인 후기 내용이 많으면 딱 좋다. 후기 100개 중에 대체로 긍정적인 후기가 80%가 넘으면 좋은 객실로 간주된다. 후기가 10개에 지나치게 과장되어 홍보성으로 보이는 후기들로만 가득 차 있다면, 숙박객들은 한 번쯤 더 고민하게 된다. 여행이 주요 삶의 일부로 자리 잡은 요즘에는 숙박객들이 많은 숙소에서 묵어본 경험도 있고 많은 후기를 읽어봤기 때문에, 솔직한 후기인지 광고성 후기인지 감으로 충분히 알 수 있을 정도다.

위탁운영 업체의 마케팅은 다이소와 같다

다이소 상품의 가격대는 대부분 1,000~2,000원대에 분포되어 있다. 그래서 특정 상품만 팔려고 광고하기보다는 다이소가 가진 저렴한 가격에 실용적인 제품을 판다는 이미지를 주요 마케팅 콘셉트로 활용한다. 특정 상품만을 대대적으로 마케팅하는 방법을 쓰는 것이 크게 의미가 없기 때문이다. 어차피 대부분 1,000원, 2,000원의 상품인데 특정 상품만을 광고하고 매출을 올리기 위해 시간과 비용을 낭비하지 않는다는 말이다. 지극히 상식적이다.

왜 이런 말을 하냐면, 개별정산 방식 영업을 채택한 위탁운영 업체 계약자는 매달 수익금이 다르다. 평균적인 수익금대비 ±

30% 이내의 차이가 나는 것으로 보인다. 그렇기 때문에 같은 층과 같은 방향에 위치한 객실이 잘 팔리는 것을 보며, 위탁운영 업체가 특정 객실판매를 해주는 게 아니란 오해를 하는 계약자도 더러 있다. 완전히 잘못된 생각이다. 수십 개, 수백 개의 생숙 객실을 관리하는 위탁운영사 입장에서는 특정 객실만 신경 써서 홍보해주는 것이 불가능하다. 특히 에어비앤비 시스템에서는 알고리즘 기반으로 노출된다.

우리가 유튜브에서 자신이 최근에 자주 찾던 영상 주제와 관련 있는 영상을 추천하는 것과 마찬가지다. 생각해보자. 같은 시간, 비용, 노동력을 사용해 1,000원짜리 물건 100개가 있으면 그중 특정 몇 개의 상품만 집중적으로 광고하는 것과 물건 100개 모두가 팔릴 수 있게 마케팅 활동을 하는 것 중에 위탁운영사 입장에서는 어느 방법이 자신들의 수익을 극대화할 것인가? 당연히 100개 모두 잘 팔릴 수 있게 마케팅 전략을 짜고 실행하는 것이 최선의 이득이다.

혼합형 방식 옵션 추가로 안정적인 수익 가능

혼합형 방식 옵션은 선택사항이다. 개별정산을 하는 위탁운영 업체를 선택했다면 마음이 맞는 계약자끼리 팀을 만드는 것이다. 팀을 만드는 이유는 예약률을 높이기 위해서인데, 위탁운영 업체가 판단해 진행이 가능하면 계약자들에게 참여할지 의사를 물어보고 동의하는 분들에 한해서 진행된다.

　개별정산형 위탁운영 업체의 주력은 에어비앤비다. 여기에 위탁운영계약자의 객실이 모두 올라간다. 100객실이면 100객실 모두 리스트에 올라간다. 여기서 90개의 객실은 수익이 잘 나는 반면 10개의 객실은 수익이 잘 안 나는 경우가 있다. 왜 그런지는 전적으로 에어비앤비의 알고리즘과 개인의 자기 객실 홍보에 따라 결정된다고 추정할 뿐이다. 수익이 낮은 10개 객실은 상대적으로 자신들의 객실 수익에 실망하게 된다. 이러한 상황을 해결하기 위해 나온 방법이 바로 혼합형 방식이다.

　원리는 간단하다. 에어비앤비 채널 이외에 국내 또는 해외에서 많이 사용하는 예약사이트를 이용하는 것이다. 대표적으로 야놀자, 여기어때 등이 있다. 이때 에어비앤비와는 다르게 대부분의 국내·해외 예약결제 사이트는 위탁운영 업체마다 대표적인 상품을 몇 개만 올리도록 정해져 있다. 크기, 조망 등의 조건으로 몇 개의 객실만 올라가는 것이다. 그렇기 때문에 위탁운영 업체에서는 일부 객실만 올릴 수밖에 없다. 이때 위의 10개 객실 중에 2~3개만 업로드해서 객실이 팔리면, 비어 있는 방에 우선적으로 예약을 한다. 만약 에어비앤비에서 방이 예약되어 있다면, 그 객실은 예약을 잡을 수 없다. 혼합형 방식은 예약 가능성이 높아지도록 여러 예약 채널을 동시에 쓰는 것이다. 이 방법을 통해 에어비앤비에서 잘 안 팔리는 객실은 여기어때, 야놀자 등의 채널을 통해 수익을 보충하는 것이다.

다음 사례를 통해 혼합형 방식의 예약 사례를 확인해보자. 사실 이 방법은 호텔업계의 예약방식도 같이 혼합해 개별정산형 구조에 적용한 것이다.

먼저 전통적인 호텔의 객실예약 구조를 살펴보자. 총 객실 수가 10개라고 가정하자. 오션뷰 5개, 시티뷰 5개 객실이라면, 예약사이트에는 오션뷰, 시티뷰 두 항목으로 나누어져서 올라가고 대표사진만 업로드된다. 오션뷰 예약이 들어오면 5개 객실 중 숙박이 가능한 객실이 랜덤 배정되고 수익은 나눠갖는다. 여기까지가 호텔에서의 예약 구조다.

라이트형(개별정산형)은 총 객실 10개를 모두 예약결제 사이트에 업로드해서 각 객실의 실적이 100% 투명하게 나오는 구조다. 위의 두 방법을 동시에 적용하는 것이 혼합형 방식이다. 기술, 비용상의 이유로 기존 호텔 예약방식을 주로 사용하는 업체는 개별정산 방법이 불가능하다. 라이트형 운영을 하는 위탁운영 업체는 기존 호텔 예약방식도 추가로 적용이 가능하다.

어느 사이트에서 먼저 예약을 받든 간에, 객실예약률이 올라가게 된다. 이렇게 모든 객실의 예약이 골고루 될 수 있도록 하는 목적으로 혼합형 방식을 추가해 운영하기도 한다. 현재까지 이 방식은 위탁운영사가 운영하는 생숙에 정착해서 객실 소유자들에게 안정적인 수익을 가져다주고 있다.

생숙을 잘 운영하려면 관리단이 중요하다

관리단 구성원 및 집회 소집

주거용 부동산인 아파트와 오피스텔에 '관리비'가 있듯이, 생숙에도 엄연히 '관리비' 항목이 존재한다. 생숙의 관리비는 크게 '관리단 집회'를 얼마나 잘 활용하고 이용하느냐에 따라 절감 여부가 결정된다. 관리단 집회는 말 그대로 생숙의 소유자 모임이라고 보면 된다. 만약 500객실 생숙이라면 그 객실의 소유자 500인(인원은 꼭 500인이 아니겠지만)이 모두 들어와 있는 모임이 '관리단 집회'다.

생숙을 분양받고 몇 년 뒤에 잔금을 납부하면 별도의 의사표시 없이 자동으로 관리단의 구성원이 된다. 아파트 등 주택을 취득하면 소유권에 대한 배타적인 권리가 있듯이, 생숙도 가능하다. 구분된 소유권이 등기로 나오기 때문이다. 생숙 소유자(구분소유자)는 관리단의 구성원으로 생숙 건물에 대한 권리와 의무가 있다. 따라서 건물관리에 관심을 갖고, 관리단의 의사결정이 효력을 발휘할 수 있도록 잘 협조해야 한다.

관리단 집회는 2개로 나뉜다. 정기 관리단 집회(매년 회계 종료 3개월 이내)와 임시 관리단 집회다. 관리단 집회 소집은 집회일 1주일 전에 회의의 목적 사항을 구체적으로 밝혀 각 구분소유자에게 통지해야 한다.

관리단은 '관리단 집회의 의결'을 통해 집합건물관리와 관련된 사항을 결정한다. 구분소유자가 10인 이상일 경우 관리단은 관리단 사무를 수행할 관리인을 선임해야 한다. 구분소유자는 전유부분의 면적 비율에 따라 관리단의 채무 등 변제할 책임이 있으면 그 부담비율을 규약으로 정할 수 있다.

생숙 관리단 집회의 구성

관리단 집회는 구분소유자 전원과 관리단 대표 1인, 관리 사무소장으로 구성된다. '관리단'은 구분소유자 전원의 구분소유관계 성립 시 자동으로 구성된다. '구분소유자'와 같은 의미로 이해해도 된다. 대한민국 부모로부터 태어나면 모두 대한민국 국민이 되듯이, 생숙을 취득한 소유자는 모두 관리단이 된다.

'관리인'은 관리단을 대표하는 1인이다. 구분소유자가 10인이면 의무적으로 선출해야 한다. 많은 사람이 오해하는 부분이 있는데, 바로 관리인을 매니저(Manager)로 이해하는 것이다. 회사로 치면 월급을 받으며 팀원들을 관리하는 팀장으로 보는 것이다. 하지만 집합건물법에서 관리인의 개념은 회사의 회장(President)과 같다. 소유자 단체의 대표자로서 집합건물을 관리하는 사람으로, '건물의 대통령'이라고 생각하면 된다.

관리인의 역할은 집합건물관리의 모든 책임을 지고, 집합건물법 제25조에 의해 공용부분의 보존·관리 및 변경, 관리단의 사무집행을 위한 분담금액과 비용을 각 구분소유자에게 청구·수령·관리하고, 관리단의 사업시행과 관련해 관리단을 대표해 재판상 또는 재판 외의 행위, 그 밖에 규약에 정해진 행위를 한다.

관리인은 관리단 집회의 결의로 선임·해임된다. 다만 규약으로 관리위원회의 결의로 선임되거나 해임되도록 정한 경우에는 그에 따른다(법 제24조). 즉 관리인 선임은 구분소유자가 직접 투표해 선임하거나 관리위원회에서의 투표로 선임이 되는데, 반드시 구분소유자일 필요는 없다. 제3자라도 관리단의 사무를 집행하는 역할을 하거나 구분소유자 공동의 이익을 위해 필요한 권리와 의무를 행사할 수 있다면, 적법한 절차에 걸쳐 선임이 가능하다. 임기는 2년의 범위에서 규약으로 정해진다.

'관리소장'은 단지 관리업무를 수행하는 사람으로서, 위탁관리 업체가 있는 경우에는 관리단과 계약한 관리업체의 직원일 뿐이다. 법이나 규약을 충실히 따르며 건물관리업무를 수행할 뿐이다. 공무원과 유사하다. 공무원은 법에 의해 사무 등을 수행할 뿐이다. 어떤 권한으로 법을 바꿀 수는 없다. 어떤 사람들은 관공서

구분	주체		
집합건물	관리단	관리인	관리사무소장
의미	구분소유자 전원	관리단 대표 1인	관리인의 업무 수행자
예시	국민	대통령	공무원
구성시기	구분소유관계성립 시 자동 구성 (별도의 조직행위 불필요)	구분소유자가 10인 이상이면 의무 선출	1) 위탁관리: 관리단과 계약한 관리업체에서 직원 파견 2) 자치관리: 관리단이 직접 고용
자격	구분소유자	구분소유자가 아니어도 가능	–
근거법령	집합건물법 제23조	집합건물법 제24조	–

에 가서 공무원에게 법의 부당함을 하소연하는 경우가 있는데, 공무원 신분으로서는 마음으로는 민원인을 이해하더라도 실질적으로 법에 따라 사무를 집행해야 한다. 마찬가지로 관리소장에게 불만이 있는 건물관리의 개선을 요청해도 참고는 할 수 있지만, 법이 정한 절차에 따라 규정을 변경할 수 있다.

내 생숙을 위한
법적 권리를 파악하라

생숙의 의결기구, 관리단 집회와 관리위원회

관리단 집회 총회는 소유자에 대한 안건을 처리할 때 소유자 전원이 안건에 대한 투표를 하며 1표의 행사권을 갖는다. 관리인 대표는 관리단 회의에서 구분소유자 및 의결권의 과반수(1/2 이상)로 의결할 수 있다. 하지만 관리규약의 설정·변경은 훨씬 엄격하다. 구분소유자 및 의결권의 3/4 이상이 되어야 가능하다.

관리위원회 위원은 관리단 집회에서 선출된 관리인 1인이 결정권을 독점해 권한을 남용하지 않도록 구분소유자 중에서 선출한다. 관리인의 관리 사무 감독, 규약에서 정하는 바에 따라 설치하며 규약에서 별도로 정하지 않으면 없을 수도 있다. 관리단 집회가 행정수반이라면 관리위원회는 국회의 역할을 한다고 보면 된다. 관리단 집회의 구분소유자 중에서 관리위원회 위원과 위원장(1인)

이 재적위원 과반수의 찬성으로 선출되는데, 관리위원회 위원 수는 제한이 없어서 협의해 결정하면 된다.

이때 관리위원회 위원(장)은 구분소유자만 가능하고 구분소유자의 배우자나 자녀들은 관리위원회 위원이 될 수 없다. 관리위원회는 많은 권한을 가지나 집합건물의 규약을 변경하거나 규약변경에 관한 의결정족수를 변경할 수는 없다. 이는 관리위원회가 구분소유자들 가운데 선출된 기구라 하더라도, 관리단 집회(소유자 총회)를 생략하고 관리위원회 마음대로 관리규약을 변경하는 등 중요한 사항을 결정할 수 없게 하기 위해서다.

생숙의 관리규약은 자치법규이며 구분소유자 및 의결권 3/4 이상의 의결정족수를 가진다. 규약이 없는 경우에는 집합건물법을 적용한다. 관리규약이 집합건물법보다 우선 적용된다. 건물을 관리하는 데 가장 근본이 되며, 소유자의 대다수가 찬성해야 만들어질 수 있는 공식적인 약속이다. 관리규약 설정, 변경, 폐지를 위해서는 관리단 집회에서 구분소유자 및 의결권의 3/4 이상의 찬성이 필요하며, 서면으로 규약을 설정, 변경, 폐지하는 경우에는 구분소유자 및 의결권 4/5 이상의 찬성이 필요하다. 시·도지사가 배포한 표준규약은 반드시 따를 필요는 없고, 집합건물의 규모와 형태 등을 감안해 구분소유자들이 상황에 맞게 자유로이 변경할 수 있다. 하지만 표준규약을 통해 보호되는 구분소유자의 재산권과 권한을 축소하는 경우에는 인정이 되지 않을 수 있다.

구분소유자 및 의결권

구분소유자는 의결권, 즉 권한을 행사할 힘이 있다. 의결권은 구분소유자 수와 전유부분의 면적 비율 등을 함께 고려해 결정하는데, 쉽게 말해서 구분소유자 수는 객실 소유자의 수를 의미한다. 의결권은 소유한 대지의 지분을 의미한다.

각 구분소유자의 의결권은 규약에 특별한 규정이 없으면 법 제2조의 규정된 지분비율에 따른다. 전유부분을 여럿이 공유하는 경우에는 공유자는 관리단 집회에서 의결권을 행사할 1인을 정한다. 구분소유자의 승낙을 받아 동일한 전유부분을 점유하는 자가 여럿인 경우에는 해당 구분소유자의 의결권을 행사할 1인을 정해야 한다(법 제16조 제2항, 제24조 제4항, 제26조의2).

의결권은 3가지로 구분된다. 통상 결의, 서면 결의, 전자 결의가 있다. 이 외에 대리인에 의한 의결권 행상도 가능하다. 대리인 1인이 수인의 구분소유자를 대리하는 경우에는 구분소유자의 과반수 또는 의결권의 과반수를 대리할 수 없으며, 대리인은 의결권을 행사하기 전에 의장에게 대리권을 증명하는 서면을 제출해야 한다. 만약 관리단 집회를 개최하지 않고 서면결의나 전자 결의 방법으로 결의를 하는 경우에는 구분소유자 및 의결권의 4/5 이상이 동의해야 결의가 성립된다.

관리단 집회가 필요한 이유

관리단 집회에서는 건물관리에 필수적인 사항들이 안건에 올라온다. 대표적으로는 관리인 선임, 관리업체 선정, 관리규약 제정 등에 대해 결정한다. 안건의 내용은 필요에 맞게 변경되기도 한다. 입주민과의 분쟁을 예방하고 불편사항을 보완하고 공정한 관리를 위해 필요하다.

관리단(구분소유자)이 모여서 구분소유자 및 의결권 3/4 이상 찬성 시 관리규약을 정식으로 만들 수 있다. 하지만 전체 수분양자의 3/4 이상을 모으는 것은 굉장히 어렵기 때문에, 분양을 받은 시점부터 미리 수분양자의 연락처를 수소문해서 온라인 채팅방이나 사이트에서 활동을 해야 한다. 그렇지 않으면 주로 분양업체가 주도하는데, 관리규약에 수분양자에게 불합리한 조항이 있을 수도 있다. 관리규약은 강력하다. 집합건물법보다 우선해서 적용하기 때문에 전문가의 자문이 필요하다. 시간과 비용상 여의치 않으면 서울시에서 제공하는 집합건물 표준관리규약을 참고하면 된다.

하지만 대부분 주거용 또는 상가용 집합건물을 대상으로 하고 있어서 생활형 숙박시설에 맞지 않는 경우도 있다. 인근 단지의 생활숙박형 시설 관리규약집을 얻어서 참고해도 좋다. 제도적으로 꾸준한 보완이 요구된다.

만약 소유자가 관리단 집회를 통해 적극적으로 건물관리에 참여하지 않으면, 납득할 수 없는 관리비 항목이 부과되거나 큰 비용이 발생할 수 있다.

내 생숙을 심도 있게 알고 싶다면

그렇다면 관리규약 등을 정할 때 일반 투자자가 유의해야 할 점은 무엇일까? 일단 일반 투자자는 관리단 집회가 만든 규약집에 동의만 하면 된다. 먼저 '내게 유리한 위탁운영 업체를 고르고 계약하라'에 소개한 객실운영 손익계산서를 살펴보자.

:: **객실 운영수익 현금흐름표** ::

항목	대상	설명
비용	예약 채널 (에어비앤비, 야놀자 등)	예약 채널 수수료 차감
	위탁운영 업체	위탁운영 수수료 차감
		객실 청소비 등 차감
= 정산금	= 소유자 계좌	= 수익금
비용	건물관리 업체	(건물)관리비 납부
	금융기관 대출	대출이자 납부
= 순수익	세전 순수익금	= 세전 순수익금

지금은 이 표에서 비용항목 중 건물관리비에 대해 이야기하고자 한다. 이 관리비 부분은 생숙에 투자한 사람 가운데 세세한 부분까지 알고 싶은 사람을 위한 글이다. 대개의 투자자, 즉 단순히 투자를 통한 수익을 목적으로 생각하는 사람은 건너뛰어도 무방하다. 수익과 직결되는 내용은 위탁운영 업체에 주로 해당이 되기 때문이다.

그러나 나는 이 항목도 꼼꼼하게 살펴볼 이유가 충분하다고 생각한다. 생숙 운영을 심도 있게 알고 운영하고 싶은 사람이라면 읽어두면 좋을 내용이라 생각한다. 대부분의 위탁운영 계약자는 나중에 소유자들이 모여서 관리단을 형성할 때 찬성한다는 의사 표시만 하면 된다. 그 이후에는 선의의 목적으로 봉사하는 분들이 앞장서서 관리비 절감을 위해 행동한다.

서면에 의한 의결권 행사(법 제14조) vs 서면결의(법 제41조)

'서면에 의한 의결권 행사'와 '서면결의'는 용어가 비슷해서 많이 혼동한다. 이 둘은 관리단 집회의 개최 유무에 의해 구분이 된다.

서면에 의한 의결권 행사(법 제14조)는 관리단 집회가 개최될 때 의결권을 자신이 직접 서면으로 작성하고 집회 주체에 전달해 의결권을 행사하는 것을 말한다. 직접 집회에 참석하지 못하거나 위임장 등을 사용해 대리인을 사용하지 않는 경우에 이 방법이 선택된다.

반면 서면결의(법 제41조)는 관리단 집회가 개최되지 않고, 구분소유자 및 의결권 4/5 이상이 안건에 대해 찬성 또는 반대, 기타의 결의를 하는 것을 말한다.

관리상 발생하는 법률적 분쟁

공동이익에 반하는 행위정지의 청구

구분소유자 또는 점유자는 건물의 보존에 해로운 행위나 그 밖에 건물의 관리 및 사용에 관해 구분소유자 공동의 이익에 어긋나는 행위를 해서는 안 된다(법 제5조). 그러한 행위를 한 경우 또는 할 우려가 있는 경우, 관리인 또는 관리단 집회의 결의(과반수 동의)로 지정된 구분소유자는 공동의 이익을 위해 구분소유자 또는 점유자에게 그 행위를 정지하거나 그 행위의 결과를 제거하는 등 필요한 조치를 청구할 수 있다(법 제43조).

사용금지의 청구

행위정지 청구로는 어려움을 해결해 공용부분의 이용 확보나 구분소유자의 공동생활 유지를 도모함이 매우 곤란할 때, 관리인 또는 관리단 집회의 결의(과반수 동의)로 지정된 구분소유자는 관리단 집회 결의(구분소유자 및 의결권의 3/4 동의)에 근거해 구분소유자의 전유부분 사용금지를 법원에 청구할 수 있다. 해당 결의를 할 때에는 미리 해당 구분소유자에게 변명할 기회를 주어야 한다(법 제44조).

전유부분의 점유자(임차인)에 대한 계약 해제 및 인도 청구

점유자가 건물의 보존에 해로운 행위, 규약에서 정한 의무를 현저하게 위반한 행위 등 공동 생활을 유지하기 곤란하게 된 경우에는 관리인 관리단의 결의(과반수 동의)로 지정된 구분소유자는 관리단 집회의 결의(구분소유자 및 의결권의 3/4 이상 동의)에 근거해 그 전유부분을 목적으로 하는 계약의 해제 및 그 전유부분의 인도를 청구할 수 있다(법 제46조).

분쟁조정위원회

분쟁조정위원회는 집한건물과 관련되 분쟁을 심의·조정하는 기구다. 많은 비용과 시간이 소모되는 소송 대신 분쟁조정위원회는 당사자 간의 이견을 조정해 원만한 합의를 이끌어낼 수 있다는 장점이 있다. 조정 종류는 2가지다. 분쟁조정은 양 당사간 합의를 유도하는 것을 말하며, 하자판정은 (서울의 경우) 서울특별시 집합건물분쟁조정위원회가 국토부 하자심사분쟁조정위원회에 의뢰해 현장실사 후 하자 여부를 판정한다.

관리비

관리비 고지서의 수많은 항목 하나하나를 건물관리 업체가 관여한다. 요즘에는 대부분 전산화가 되어 있어서 부정한 행위를 하기는 쉽지 않지만, 사람이 하는 일이다 보니 실수도 있을 수 있고 오류로 인해 관리비가 과대·과소 계산되기도 한다. 이 관리업체를 관리·감독하기 위한 조직이 필요하다. 구분소유자가 일일이 개입할 수는 없다. 그래서 일정한 조직을 갖추고 이를 관리감독한다.

:: 공동주택관리법 시행령 [별표 2]
관리비의 비목별 세부명세(제23조제1항 관련) ::

관리비 항목	구 성 명 세
1. 일반관리비	가. 인건비: 급여, 제수당, 상여금, 퇴직금, 산재보험료, 고용보험료, 국민연금, 국민건강보험료 및 식대 등 복리후생비 나. 제사무비: 일반사무용품비, 도서인쇄비, 교통통신비 등 관리사무에 직접 소요되는 비용 다. 제세공과금: 관리기구가 사용한 전기료, 통신료, 우편료 및 관리기구에 부과되는 세금 등 라. 피복비 마. 교육훈련비 바. 차량유지비: 연료비, 수리비, 보험료 등 차량유지에 직접 소요되는 비용 사. 그 밖의 부대비용: 관리용품구입비, 회계감사비 그 밖에 관리업무에 소요되는 비용
2. 청소비	용역시에는 용역금액, 직영시에는 청소원인건비, 피복비 및 청소용품비 등 청소에 직접 소요된 비용
3. 경비비	용역시에는 용역금액, 직영시에는 경비원인건비, 피복비 등 경비에 직접 소요된 비용
4. 소독비	용역시에는 용역금액, 직영시에는 소독용품비 등 소독에 직접 소요된 비용
5. 승강기유지비	용역시에는 용역금액, 직영시에는 제부대비, 자재비 등. 다만, 전기료는 공동으로 사용되는 시설의 전기료에 포함한다.
6. 지능형 홈네트워크 설비 유지비	용역시에는 용역금액, 직영시에는 지능형 홈네트워크 설비 관련 인건비, 자재비 등 지능형 홈네트워크 설비의 유지 및 관리에 직접 소요되는 비용. 다만, 전기료는 공동으로 사용되는 시설의 전기료에 포함한다.
7. 난방비	난방 및 급탕에 소요된 원가(유류대, 난방비 및 급탕용수비)에서 급탕비를 뺀 금액
8. 급탕비	급탕용 유류대 및 급탕용수비
9. 수선유지비	가. 법 제29조제1항에 따른 장기수선계획에서 제외되는 공동주택의 공용부분의 수선·보수에 소요되는 비용으로 보수용역시에는 용역금액, 직영시에는 자재 및 인건비 나. 냉난방시설의 청소비, 소화기충약비 등 공동으로 이용하는 시설의 보수유지비 및 제반 검사비 다. 건축물의 안전점검비용 라. 재난 및 재해 등의 예방에 따른 비용
10. 위탁관리수수료	주택관리업자에게 위탁하여 관리하는 경우로서 입주자대표회의와 주택관리업자간의 계약으로 정한 월간 비용

생숙의
또 다른 이름,
레지던스 호텔
야무지게
즐기기

레지던스 호텔,
이래서 찾는다

여행 트렌드가 변했다

여행과 휴식이 삶의 중요한 트렌드가 되면서 여행의 목적이 바뀌었다. 현재 여행을 키워드로 말한다면 '맛집 탐방', '여행지 사진', '나홀로 여행', '친구·커플 여행(2명)'으로 설명이 가능하다. 현대의 여행 트렌드는 규모 면에서 슬림화되고, 활동성 면에서는 굉장히 광범위해졌다. 특히 1인·2인 가구의 증가에 따라 이들에게 맞는 상품과 서비스가 발전하고 있다. 레지던스 호텔은 이들이 중요하게 생각하는 여가생활의 가치에 가장 잘 부합하는 상품이다.

이들에게 여행은 2가지 종류로 구분된다. 먼저는 고급 편의시설을 즐기러 호텔을 이용하는 수요층, 그다음은 트렌디한 인테리어와 깔끔한 객실에서 객실 밖의 여행지를 즐기려고 하는 수요층이다. 레지던스 호텔은 후자에게 가장 잘 맞는 상품이다. 거품을 쫙 빼고, 여행 후 부티크 객실에서 포근히 쉴 수 있는 그런 객실이기 때문이다.

거품을 뺀 합리적 비용

레지던스 호텔은 우리가 아는 일반적인 5성급 호텔보다는 가격이 낮다. 수영장, 스파 등 부대시설을 빼는 대신에 객실 가격을 확 낮추었기 때문이다. 여행객들이 객실에서 편히 쉬면서 요리와 세탁 등 필요한 서비스는 스스로 하면서 불필요하게 발생하는 비용을 줄인 덕이다. 보통 수영장, 스파 등 부대시설이 있으면 객실 가격에 모두 포함된다. 해당 시설을 사용하지 않는 숙박객일지라도 할인을 해주지 않는다. 그래서 고급호텔에 가는 여행객은 호텔을 목적으로 여행을 가기도 한다. 호캉스가 인기 있는 이유이기도 하다.

지금은 온라인 시대다. 인터넷으로 모든 정보를 다 얻고, 소비 행위를 할 때 참고한다. 1인·2인 가구의 증가와 함께 인터넷을 활용해 얻은 정보를 사용하는 수요층도 마찬가지로 늘었다. 정보검색과 비교에 굉장히 익숙하기 때문에 가격에 굉장히 예민하다. 실제 에어비앤비에서 숙박 예약이 들어올 때 1,000원 차이도 예약률에 영향을 주기도 한다. 실제 예약할 때는 리뷰 수, 리뷰 내용 등이 더 큰 영향을 미치기는 하지만, 검색할 때만큼은 가격을 가장 우선시하는 것이 일반적이다.

전문 위탁운영사가 객실별로 깔끔하게 책임 관리한다

아무리 명성이 있는 호텔이라도 모든 객실을 같은 수준으로 관리하는 건 쉽지 않다. 다행히 국내의 숙박시설은 해외에 비해 높은 수준의 청결과 객실 시설관리 수준을 유지하고 있다. 세계시장에서 한국 소비자, 숙박객의 꼼꼼함을 따라올 나라는 거의 없기 때문이다.

해외 호텔에서는 언어장벽 때문에 컴플레인을 속 시원히 하지 못하는 경우가 태반이고, 조치를 받아도 국내의 숙박시설만큼 만족스럽지 않은 경우가 훨씬 많은 게 사실이다. 국내는 지방 이름 없는 호텔이라 할지라도 숙박객에 대한 서비스 마인드와 수준은 세계적이라고 생각한다. 서비스 의식 수준이 이미 세계 평균을 훌쩍 상회한다고 봐도 무방하다.

하지만 아무리 전체적으로 높은 수준의 서비스와 객실 관리 수준을 갖고 있다 하더라도, 객실 하나마다 관리자가 있는 경우는 상대적으로 높은 책임감을 가질 수밖에 없다. 라이트형 위탁운영사가 운영하는 호텔의 경우에는, 호텔 전체에 대한 평가가 아닌 객실 각각의 평가가 각기 다르기 때문이다. 만약 100객실을 라이트형 위탁운영사가 담당하고 있다면, 100객실 전부 다른 리뷰와 평가를 숙박객으로부터 받을 것이다. 이때 단 하나의 객실이라도 관리를 소홀히 하게 되면, 해당 객실의 소유자로부터 시정 조치를 해달라는 피드백이 실시간으로 오게 된다. 100객실을 운영한다고 하면 100명의 직장상사를 모시고 있는 것과 같은 구조다. 따라서 고도의 훈련된 전문 인력만이 책임 관리를 할 수 있다. 각 객실마다 최고 수준의 집중관리를 하기 때문에 전체의 객실 관리 수준도 높을 수밖에 없다.

객실에서 미슐랭 조리대회를 즐길 수 있다

맛집 탐방이 하나의 문화로 자리 잡은 지 오래다. 맛집에 가서 맛있는 음식을 먹으며 삶의 행복을 찾는 문화는 먹방 문화로도 파생되어 맛있는 음식을 먹는 자체가 여행이고 즐거운 일이 되었다. 이 즐거움을 맛집이 아닌 객실에서도 느끼고 싶은 생각이 문득 들 때가 있다. 레지던스 호텔은 이 고민을 가능하게 한다. 맛집의 음식을 포장해 오거나 유명한 레토르트 음식을 싸와 객실에서 연인과 친구, 가족과 같이 조리해서 편히 즐길 수도 있다. 스마트폰의 앱을 이용해 맛있는 음식을 멋지게 찍어서 SNS에 올려서 좋은 기억을 남기기도 한다.

레지던스 호텔 인근에는 편의점과 대형마트, 간편하게 필요한 것들을 살 수 있는 매장들이 많다. 요리하다가 필요한 조리도구를 바로 살 수 있고, 마음먹고 제대로 맛난 요리를 할 수도 있는 음식 인프라가 많다.

교통이 편리한 곳, '핫 플레이스'에 위치해 있다

요즘 생겨나는 레지던스의 위치는 정말 좋다. 관광지와 도심의 인프라를 동시에 누릴 수 있는 장소에 세워진 레지던스가 많다. 과거에 1세대 생숙이 자연환경만 강조했다면, 이제는 자연환경, 편의시설, 접근성 삼박자를 모두 갖추었다. 다양한 시대적 발전이 있었기 때문이기도 하다. 인터넷, 배달 문화, 교통 발달에 따라 레지던스 호텔도 업그레이드된 셈이다.

마치 주상복합이 주요 상업지역에 위치해 생활에 필요한 편의시설의 접근성이 굉장히 좋은 것처럼, 레지던스 호텔도 여행에 필요한 편의시설 접근성이 굉장히 좋다. 그래서 다양한 가격대의 다양한 상품과 서비스를 경험할 수 있다. 대형마트 같은 편의시설이 도보로 가까운 거리에 있어서 산골 숙박시설에서 머물면서 겪었던 아쉬움을 덜고 호텔 내에서 값비싸게 사야 했던 물건들을 싸게 구입할 수 있는 장점을 모두 갖춘 것이다.

요즘에 지어지는 레지던스 호텔의 위치를 선정하는 담당자는 현재의 교통 상황뿐만 아니라 미래 개발 예정인 교통 호재까지도 고려해 선정한다. 따라서 신규 레지던스 호텔 지역은 새로운 교통망이 뚫리고 도시가 개발되면서 활력을 가질 가능성이 크다는 것을 의미한다. 수도권 외의 주요 관광지에 지어지는 레지던스 호텔은 해당 지역의 귀중한 자산이다. 관광객 유치의 선두주자이기 때문에 지역의 정치인, 상인들도 크게 반긴다. 이들 모두가 레지던스 호텔을 홍보해주는 마케터다.

특히 레지던스 호텔이 대규모로 모이는 지역은 앞으로 주요 관광지로서 발전할 가능성이 높다. 만약 대형 건설사의 아파트가 레지던스 호텔 인근 지역에 대규모로 지어지고 있다면 레지던스 호텔도 그 후광을 같이 받을 수 있다. 그 지역은 서울, 경기도에서 세컨드하우스, 여유로운 삶을 찾아서 오려는 사람들이 많이 찾을 지역이기 때문에, 대형 건설사에서 앞다투어 미리 준비하는 것이다. 지역의 땅값도 자연스럽게 오르고, 해당 지역과 서울, 수도권 사이를 활발하게 오가기 때문에 도시가 활성화된다. 교통 인프라의 발전에 따라 도로, 철도를 통한 관광객, 거주자의 통행이 활발해지면서 관광객도 편승해 같이 올라간다. 쉽게 생각하면 백화점이 주요 버스 터미널, 역사와 연계되어 개발되는 것과 같은 이치다.

객실마다 차별화된 인테리어와 소품을 골라 즐길 수 있다

생숙의 객실 인테리어는 각 객실의 소유자가 개성을 살려 꾸밀 수 있다. 인테리어에 감각이 있는 소유자의 경우, 프로방스, 클래식, 귀여운 콘셉트 등 다양하게 꾸밀 수 있다. 이 경우 객실예약 및 청소 등 관리는 전문 위탁운영 업체가 하기 때문에 숙박객은 객실의 높은 수준의 청결과 위생을 기대할 수 있다. 인테리어를 중요시하는 객실은 소품을 활용해서 계절별로 분위기를 바꾼다. 같은 객실이라도 계절별로 다른 객실처럼 느껴지고, 매 시즌 가보고 싶은 기대감도 들게 한다. 인테리어가 기가 막히게 되어 있는 객실이 있다면 한 번쯤 꼭 가보기를 추천한다. 레지던스 호텔에서 마치 예술 작가가 꾸며놓은 예쁜 조명과 소품을 보면서 정형화된 고급 호텔에서는 느끼지 못한 감성에 취할 수 있다.

인테리어 소품을 해외에서 직접 공수해오는 객실도 많다. 유럽 여행을 갔을 때 봤던 물건들을 구매해 객실을 꾸미기도 한다. 인테리어가 잘된 객실은 뷰와 층이 안 좋아도 숙박객들에게 인기가 많다. 객실 내에서 사진 찍을 때 굉장히 유용하기 때문이다.

객실 소유자가 실시간 예약을 확인할 수 있어야 한다

레지던스 호텔(생숙)을 위탁운영 업체를 통해 운영할 때 가장 염두에 두어야 할 것은 실시간 객실예약 현황을 확인할 수 있는 곳에서 해야 한다는 점이다. 현재 기준에서 이 확인은 오직 에어비앤비만 가능하다. 내가 에어비앤비를 추천하는 이유다. 에어비앤비의 이런 강점은 레지던스 호텔 소유자들에게도 크나큰 장점이다. 자신의 객실예약현황을 알 수 있기 때문이다. 이것이 가능한 이유는 기본 비즈니스 철학을 개별로 공간을 운영하는 개인을 타깃으로 하여 출발했기 때문이다(단 위탁운영 업체를 통해 운영한다면 아래의 복잡한 객실예약 업무를 객실 소유자가 직접 할 필요는 없다).

에어비앤비에서 객실예약하는 법은 어렵지 않다. 에어비앤비 내의 달력에서 예약이 가능한 요일은 검은색으로 숫자가 표시되어 있어서 언제든지 예약을 할 수 있다. 만약 예약할 수 없는 날짜라면 자동으로 차단된 경우 회색, 수동으로 차단한 경우에는 취소선으로 표시된다. 차단되는 이유는 몇 가지 때문이다. 예약 마감 시한을 넘겼거나 대기 중인 예약 요청이 있는 경우 호스트가 요청을 수락하거나 거절할 때까지 해당 날짜는 예약이 차단된다.

좋은 레지던스 호텔 고르고 100% 활용하는 법

전문 위탁운영 업체가 관리, 운영하는 객실을 예약하자

숙박법에 의해 개인이 자가영업으로 객실을 판매하는 것은 불법이다. 일부 지역에서는 쉬쉬하면서 영업을 하고 있지만 엄연한 불법이라는 것을 유의해야 한다. 전문 위탁운영사가 관리하지 않는 업체일 경우 비록 일부이긴 하지만 환불 절차가 잘 지켜지지 않거나 중복 예약 시 객실 사용 불가 등 다양한 문제점이 발생한다. 더러는 운영자가 잠수를 타는 경우도 있다. 그러나 전문 위탁사는 이런 상황에 신속히 대처가 가능하기에 고객의 피해를 줄일 수 있다.

전문 위탁운영사가 관리할 때의 장점은 기본 서비스든 위급한 상황이든 신속한 대응이 가능하다는 점이다. 전문 업체가 예약, 객실 관리 업무를 하기 때문에 그만큼 대처가 빠를 수 있다. 낯선 곳에서는 의외의 변수를 맞닥뜨리기 쉽다. 새벽에 베란다에 나갔다가 베란다 문이 고장 나서 옴짝달싹하지 못하는 경우도 있고, 또 더러는 숙박 중에 예상하지 못한 응급 상황이 벌어질 수도 있다. 이때 전문 위탁운영사가 관리하는 객실이라면 긴급한 상황에 대비하기 쉽다.

베란다가 잠겼을 경우 숙박객이 핸드폰이라도 쥐고 있다면 전문 위탁운영 업체 프런트로 전화를 해서 도움을 요청할 수 있다. 하지만 개인 운영자의 객실인 경우, 만약 운영자가 잠을 자느라 전화를 받지 못한다면 숙박객은 그야말로 '멘붕'에 빠지게 된다.

부랴부랴 레지던스 호텔의 프런트에 전화해서 도움을 요청하지만 개인 객실의 경우에는 위탁운영 업체에서 일괄적으로 설치하고 있는 도어락과 다른 제품을 개별적으로 설치한 경우도 많다. 레지던스 호텔 건물관리를 위해 관리사무소나 위탁운영 업체 담당자는 마스터키를 가지고 있지만, 개인 운영자가 도어락을 임의로 변경하면 그때는 강제로 문을 따고 들어가야 하는 수밖에 없다. 만약 고층이고 무더운 여름 또는 추운 한겨울에 비라도 갑자기 내리면 심리적으로 굉장히 무섭고 두려운 상황에 처하게 된다. 이런 상황이 발생하면 안 되겠지만, 실제로 겪게 될 수도 있다. 같은 값이면 이런 걱정을 하지 않고 전문 위탁운영 업체가 관리하는 객실을 예약하는 것이 심리적으로 훨씬 편하다. 개인이 운영하는 객실은 별도의 담당자가 없기 때문에 오로지 운영자가 24시 연락이 가능하리라고 믿고 있어야 한다.

꼭 위급한 상황이 아니더라도 기본 서비스 면에서도 전문 위탁 운영사가 관리하는 객실은 신속한 대응이 가능하다. 객실에 수건이 필요한 경우, 인터넷이 안 되는 경우 등 서비스를 받고 싶은데 개인 운영자와 연락이 안 되는 일이 생긴다. 이러면 불편을 감수하고서라도 객실을 사용해야 한다. 프런트에 가봤자 위탁운영 업체에서도 비품이 다르기 때문에, 프런트 직원이 마음대로 줄 수 없다.

만약 개인 운영자와 연락이 되더라도 건물 바로 근처에 항상 상주하지 않는다. 집에서 연락을 받고 객실로 가는 시간이 아무리 빨라도 10~15분이 걸리고, 개인 운영자가 다른 일을 보러 나갔으면 돌아오기까지 1시간이 넘는 경우도 있다. 운이 나쁜 경우에는 객실의 기본적인 시설을 쓰지도 못하고 기분만 망친 여행이 될 수도 있다.

세탁물은 철저히, 위생적으로 관리하는 객실을 고른다

내가 전문 위탁운영 업체를 고집하는 이유는, 위생과 청결 면에서 개인과 전문 운영업체가 차이가 나기 때문이다. 따라서 고객들 입장에서도 나는 전문 위탁운영 업체가 있는 객실을 고르라고 꼭 강조한다.

전문 위탁운영 업체에서는 객실 세탁을 전부 세탁전문업체에 맡긴다. 인근 세탁공장을 이용하기도 하고, 수도권의 세탁공장을 이용하기도 한다. 세탁전문업체의 경우 리넨류, 타월류, 기타 세탁으로 나누어서 클리닝을 하지만 개인 운영 객실의 침구류는 이런 구분이 없다. 왜냐하면 개인은 대개 1~3개의 객실을 주로 운영하는데, 세탁물을 리넨류, 타월류, 기타 세탁물로 나누기에는 양이 너무 적기 때문이다. 분류 세탁을 할 정도가 되려면 적어도 10객실 이상의 세탁물이 있어야 한다.

위탁운영업 업체로 신고해서 영업을 하기 위해서는 30객실 이상을 관리해야만 '허가증'이 나오는데, 최소한 이 규모는 되어야 세탁공장에 세탁물을 맡길 수 있다. 30객실 이하라면 세탁 단가가 높아서 수지타산을 맞추기 힘들기 때문이다. 그래서 30객실 이하, 즉 위탁운영 업체가 운영하지 않는 객실 세탁물은 세탁공장에서의 전문적인 세탁 서비스를 받지 못할 가능성이 높다.

클리닝을 할 때도 세탁 기계 성능에서도 큰 차이가 난다. 세탁 전문업체의 경우, 수백 개 객실의 세탁물을 한꺼번에 받아서 세탁하기 때문에 초대용량 세탁 장비를 주로 사용한다. 수백 개의 객실에서 쏟아져 나온 세탁물을 충분히 클리닝할 정도의 엄청난 세탁력을 자랑한다. 개인이 사용하는 가정용 세탁기 또는 코인 세탁기의 세탁력과는 차이가 날 수밖에 없다. 또한 산업용이기 때문에 기계의 내구성도 뛰어나다. 한번 기계가 멈추면 매일매일 세탁해서 세탁물을 납품해야 하는 세탁업의 특성상 잔고장이 없는 좋은 기계를 쓴다.

클리닝이 된 세탁물은 살균위생건조를 한다. 세탁도 중요하지만, 살균과정을 통해 유해한 균을 없애는 작업도 필수다. 전문 세탁공장처럼 넓고 전문적인 장소가 필요한 이유이기도 하다. 공장에서만 가능한 작업이다. 세탁분류 폴딩과 다림질 폴딩, 패키징 과정 역시 세탁전문업체가 위생적으로 처리하므로 크게 신경 쓸 것 없이 깔끔한 관리가 가능하다.

비품 관리 면에서도 개인 운영자보다는 전문업체가 운영하는 곳이 여유분을 확보할 수 있는 공간과 수량 면에서 훨씬 유리하다. 수백 개의 세탁물을 리넨실(비품 보관)에 보관해야 하기 때문에 깔끔하게 정리되어서 패키징이 되어야 객실 청소를 하는 분들이 손쉽게 꺼내 쓸 수 있다. 리넨실 하나에 통일된 리넨, 타월, 이불 등이 보관되기 때문에 객실에 비품을 보충할 때도 편하게 꺼내 쓸 수 있다. 하지만 개인 운영자는 비품을 각자가 관리한다. 개인 운영자끼리는 처음에는 비품을 공유할 수 있지만, 세탁 상태, 분실 우려 등 여러 이유로 각자의 비품을 따로 관리하고 사용하게 된다.

운이 좋으면 개인 운영자끼리 별도의 보관장소를 확보해 공동으로 리넨, 타월류들을 보관하기는 하지만 어찌 되었건 각각 개인 운영을 하기 때문에 리넨실 내에서도 자기의 비품을 따로 놓을 장소를 구분지어야 한다.

리넨, 타월, 침구류가 제때 보충되지 않을 때도 많다. 예를 들면 리넨실을 10명이 나누어 쓴다고 할 때 비품 관리는 10명이 따로 한다. 각자가 1개, 3개, 5개의 객실을 운영할 경우 비품은 최소 2~10개로 구분이 되어 관리된다. 객실이 하나인 개인 운영자는 여유분을 아무리 많아야 2개 정도 보유한다. 그러다 갑자기 추가로 리넨, 타월, 침구류 등을 요구하거나 갑자기 예약이 한꺼번에 들어왔다가 나가는 경우가 몇 번 반복되면 세탁물을 제때에 세탁하고 수거하지 못하는 경우가 생긴다. 특히 성수기나 휴일 등 예약이 많은 날은 그렇다. 왜냐하면 개인으로 운영관리하기 때문에 혼자서 예약받으며 고객 응대하고, 객실 청소, 세탁물 클리닝 및 수거 등을 동시에 하기엔 정말 힘들다. 객실 청소업무만 외주로 쓰려고 해도 최소 30객실 이상은 해야 수지타산이 나오기 때문에 청소업무를 외주로 줄 수도 없는 상황이다.

차량 없이도 쉽게 접근이 가능한 곳으로 고르자

차량 없이도 레지던스 호텔에 갈 수 있어야 하는 이유는 단순하다. 차량 없이 갈 수 있다는 말은 도시 인프라가 어느 정도 있기 때문에 레지던스 주변에서 필요한 물건을 즉시 살 수 있다는 것이다. 주변에 상권도 발달해 있어서 편리하다는 의미이기도 하다. 서울, 수도권에서 가볍게 버스나 기차를 타고 오는 여행객들이 많이 늘고 있기 때문에, 이들에게 다방면에서 만족을 줄 수 있는 여행지여야 많은 사람이 머무르면서 숨은 맛집, 숨은 여행지 등 여러 다양한 정보가 서로 원활히 공유되기도 쉽다.

대중교통으로 쉽게 오갈 수 있는 레지던스 호텔은 마치 출퇴근이나 학교에 가는 것과 같이 언제든지 편하게 접근할 수 있기 때문에, 마음먹고 여행을 가기보다는 일상생활에서 잠시 짬을 내어

갈 수 있을 정도로 쉽게 느껴진다. 예전에는 여행을 가려고 마음먹고 준비하기까지 꽤 오래 걸렸다면 레지던스는 접근이 쉽기 때문에 자주 그리고 가벼운 마음으로 쉽게 떠나려고 한다. 유동인구가 2배 이상 커지는 효과도 있어서 레지던스가 자리한 지역의 상권에서는 숙박객들이 지친 일상에서 벗어나 편히 쉴 수 있는 기회를 제공하려고 다각도로 노력한다. 여러 면에서 레지던스 호텔은, 숙박객 입장에서 밤에 일하다가 언제든지 갈 수 있을 만큼 소중한 추억을 많이 만들어줄 수 있다.

퀸 사이즈의 최고급 매트리스 침대를 쓰는 객실을 찾자

여행에서 잠은 정말 중요하다. 최고급 매트리스에 온몸이 물속에 풍덩 빠지는 것처럼 침대에 누워야 한다. 그리고 깊은 밤 곤히 잠들었다가 아침에 개운하게 일어날 수 있는 그런 침대가 필요하다. 그래서 호텔업을 오래 운영한 경력이 있는 위탁운영 업체는 침대에 막대한 비용을 투자한다. 객실과 호텔 부대시설을 이용하려는 목적의 여행이 아니라면, 방 사이즈보다는 침대 매트리스의 퀄러티가 편안한 여행에 직접적인 영향을 준다.

객실에서 침대가 주는 숙박객의 만족감은 마치 우리 주식인 쌀과 같다. 만약 평소에 밥을 많이 쪄서 무른 밥을 먹는 사람이 설익은 밥을 먹으면, 그 끼니는 제대로 넘어가지 않을 뿐만 아니라 그날 하루 컨디션에 영향을 준다.

레지던스 호텔에서 침대의 역할 또한 이와 동일하다. 그래서 최고급 매트리스를 사용하는 것을 자랑스럽게 생각한다. 에어비앤비를 통해 예약하려는 객실이 최고급 매트리스를 사용한다고 홍보하는지 확인해봐야 한다. 저가형 매트리스라면 위탁운영 업체는 광고를 하지 않는다. 정말 좋은 매트리스를 쓰면 당연히 홍보글에 해당 상황을 자랑스럽게 적는다.

에어비앤비를
활용하자

현대 여행 트렌드의 선두주자 에어비앤비

에어비앤비는 여행·숙박업계에서 압도적인 기업가치를 자랑한다. 전 세계 서비스가 가능한 플랫폼으로 소비자의 구미를 당기는 다양한 기능들이 있다. 만약 에어비앤비를 통해 호텔을 예약하고 있다면, 전 세계에서 가장 큰 여행업계 회사의 서비스를 이용하고 있는 것이다. 지금은 에어비앤비의 시대라고 감히 말할 만하다.

에어비앤비를 통해 예약 가능한 숙소는 이론적으로 사람이 잘 수 있는 지구상에 존재하는 숙소의 수와 맞먹는다. 아파트뿐만 아니라 캠핑카, 섬, 호텔까지 다양한 라인업을 구성하고 있다. 기존의 호텔업계가 소품종 대량생산의 방식이라면 에어비앤비는 다품종 소량생산 방식이다. 하지만 품종이 워낙 많아서 다품종 대량생산이라고 생각해도 될 정도다.

전통적인 숙박업이 엄청난 규모의 자금과 기획으로 진행해오는 반면, 에어비앤비의 숙소는 개인이 남는 공간을 대여해주는 콘셉트로 출발하기 때문에 누구나 진입이 가능한 장점이 있다. 국내의 경우 숙박업에 대한 규제 때문에 일부 제한이 있지만, 에어비앤비의 콘셉트로는 누구나 에어비앤비를 통해 남는 공간으로 돈을 벌 수 있다.

나는 레지던스야말로 에어비앤비로 공략하기 가장 쉽고 또 최적화된 숙박시설이라고 생각한다. 여기서는 에어비앤비를 활용해 레지던스 호텔을 이용하는 합리적이고 최적화된 방법을 소개할 것이다.

에어비앤비가 가장 저렴하다

같은 조건의 호텔, 객실이라면 정말 특별한 경우를 제외하고는 에어비앤비가 가장 저렴하다. 왜냐하면 가격책정 방법이 다르기 때문이다. 에어비앤비는 보텀업(Bottom Up) 방식이라서 기존 객실가에서 고객이 예약할 때 필요한 서비스 수수료를 추가하는 방식이라면, 국내 숙박예약사이트는 기존 객실가에 더해 필요한 추가 수수료·세금 외에도 카드할인, 이벤트 할인 등을 전부 반영한 구조다.

쉽게 예를 들면, 편의점에서 물건을 구입할 때 통신사 할인을 받을 수 있다. A 통신사에서 B 편의점 상품을 10% 할인해준다고 하자. 1,000원짜리 초콜릿을 살 때 10%를 할인받아 최종 지불하는 금액은 900원이 된다. 하지만 할인 혜택을 받지 못한다면 1,000원을 내고 사야 한다. 할인을 잘 챙기는 일부 사람들이 모든 할인, 이벤트 혜택을 가져갈 뿐 그렇지 않은 사람들만 1,000원을 모두 납부해야 한다.

에어비앤비는 객실 정상가격이 80,000원인 경우 15.53%의 예약수수료 및 부대비용이 포함되어서 숙박객은 약 92,424원을 결제한다. 하지만 국내 채널은 19.57%의 비용이 추가되어 95,656원이 결제된다. 왜 약 4%의 차이가 생기는 것일까? 국내 채널은 카드 할인 등 추가적으로 빠질 수 있는 금액을 미리 비용에 포함시킨다. 숙박객은 카드할인을 받으면 마치 객실 가격을 조금 저렴하게 예약했다고 생각할 수 있지만, 사실은 이미 카드할인을 받을 것을 고려해서 가격을 높게 책정한 것이다. 카드를 통해 할인을 못 받은 숙박객은 국내 채널에 예약할 때 상대적으로 4%의 비용을 더 지불하는 것이다. 다양한 마케팅 기법과 제휴 서비스를 통해 위의 내용과 일부 차이가 있을 수는 있으나 기본 가격 결정 구조를 이해할 수 있다.

가성비보다 국내예약 채널이 주는 장점에 높은 점수를 주는 이용객은 국내예약 채널을 이용하는 것이 좋다. 해외예약 채널의 경우 기능에 초점을 두지만, 국내예약 채널의 경우에는 지역 이벤트, 제휴 서비스 등 가격 이외의 장점이 많다.

숙소 예약에 필요한 후기 해석 방법

에어비앤비에서 좋은 숙소를 찾으려면 후기를 봐야 한다. 에어비앤비 후기 점수는 해석하는 방법이 있다. 에어비앤비에서 공개되는 후기의 항목은 총 6개로 위치, 청결도, 정확성, 의사소통, 체크인, 가격 대비 만족도가 있고, 만점은 5.0이다. 후기 리스트 순서는 평점이 높은 항목부터 맨 위에 있고, 같은 점수는 에어비앤비 자체 기준에 따라 순서가 정해진다. 같은 점수 내 순서는 분석에서 중요한 부분은 아니다. 아래 몇 가지 사례를 통해 후기가 주는 의미를 확인해보자.

"위치 5.0점, 청결도 5.0점, 정확성 5.0점, 의사소통 5.0점, 체크인 5.0점, 가격 대비 만족도 5.0점"

후기에 위와 같은 내용이 나온다면 어떻게 해석할까? 대부분 '이 객실은 정말 좋은 객실인가 보다. 많은 사람들이 다 좋아할 정도면 여기는 예약해도 좋겠다'라고 생각할 것이다. 하지만 이 리뷰와 점수를 통해 다른 정보를 유추할 수 있다. '아직 객실이 활성화되기 전 단계로서 몇 명의 숙박객만 사용했구나'라고 생각해야 한다. 물론 좋은 객실이기 때문에 전부 5.0점을 받았을 수도 있지만, 다른 시점으로 객실을 분석하는 시야도 필요하다. 위의 정보로는 객실을 평가할 수 없다. 마라톤에 비유하자면 42.195km 중에 이제 겨우 2km를 달리는 상황인 것이다. 단지 스타트가 좋은 정도까지 만으로 이해해야 한다.

만약 객실을 시숙(시범숙박) 기간 이후 정식으로 영업을 시작한

지 3개월 이상이 되었고, 30개 이상의 후기가 누적된 상황에서도 위의 리뷰 점수를 받은 객실이 있다면 그 객실은 분명 최고 객실이니 고민하지 말고 예약하면 된다. 평점 5.0점 객실이 아니더라도, 평점이 4.3점 이상이면 모두 1등급에 해당한다고 생각한다. 평점 4.3~5.0점 사이라면 좋은 객실이라고 생각해도 된다. 정식으로 영업을 시작한 지 3개월 이후에 30개 이상의 후기 수가 있다면 적어도 1개 정도는 5.0점이 아닌 평점이 있어야 한다. 그게 아닌 객실이라면 한 번쯤 신중을 기하기 바란다.

후기 평점이 얼마여야 좋은 객실일까

에어비앤비에서 평점 4.3 이상이면 그 객실은 전문 위탁운영 업체를 통해 전문적으로 관리받고 있다는 의미다. 평점 4.3은 4.7점이 2개, 4.5점 3개, 4.4점 1개 정도일 때 나온다. 위의 숫자를 평균으로 하면 4.55가 나오지만, 에어비앤비에서 자체 가중치가 있거나, 소수점 둘째자리까지 계산해서 단순 평균 평점과 차이가 있는 것으로 보인다.

학교 시험에서 90점과 92점, 95점은 비록 2~3점 차이지만, 그 점수의 차이에 들어가는 노력은 80점에서 82점, 83점으로 같은 2~3점 올리는 노력보다 훨씬 크다. 그래서 4.3점 이상이 좋은 평가를 받는 객실이라고 생각할 수 있고, 4.7점, 4.8점, 4.9점의 평가를 받는 객실은 그중에서도 까다로운 숙박객의 눈높이를 거의 충족시킨다고 판단할 수 있다.

후기 평점과 함께 후기의 개수도 고려해야 한다. 보통 객실당 후기가 20개 이상이면 어느 정도 후기에 대해 신뢰할 수 있다고 생각한다. 후기 수가 많을수록 평점에 대한 신뢰도도 올라간다.

개인이 아닌 위탁운영 업체 확인 방법

나는 줄곧 개인이 운영하는 레지던스 호텔보다는 전문 위탁운영 업체가 운영하는 곳을 추천했다. 그렇다면 고객 입장에서 이를 확인할 방법은 없을까?

에어비앤비 앱에서 위탁운영 업체를 확인하는 방법은 간단하다. 호스트의 사진을 클릭해보면 된다. 전문 위탁운영 업체라면 '소개'란에 전문 위탁운영 업체라고 소개한다. 직장에는 주식회사 ○○○라고 나온다. 개인 사업자로서 전문 위탁운영업을 할 수 있으나, 객실 30개 이상을 위탁운영해야 숙박업 허가증이 나온다. 세금을 고려하면 주식회사로 위탁운영업을 운영해야 수지타산이 맞는다.

개인이 30객실 이상을 모아서 무늬만 위탁운영 업체인 경우도 있다. 주로 관광지에서 자체적으로 아는 사람끼리 모아서 위탁운영 업체로 허가를 받지만, 실제 객실예약, 침구류 세탁, 청소, 고객 응대 등 업무를 개별로 각각 한다. 무허가로 운영하는 30객실 이하의 소규모 객실 운영자보다야 좋기는 하지만, 침구류, 이불, 베

갯잇 등 세탁물을 일괄적으로 모아서 최첨단 대형 세탁시설을 운영하는 세탁전문업체에 맡겨서 살균, 소독한 후 뽀송뽀송한 세탁물을 항상 보유하고 있는 전문 위탁운영 업체와는 청결과 위생에서는 차이가 날 수밖에 없다. 위탁운영 업체를 쓰지 않고 소유자가 소규모로 직접 운영하는 경우, 객실 내 침구류 등을 모두 한꺼번에 모아서 대형 전문세탁기에 돌리기가 불가능하다. 숙박객이 요구하는 높은 수준의 위생과 청결 서비스를 제공하기 위해 개선해야 할 부분이다.

그래서 청결이 중요하다고 생각하는 에어비앤비 이용자라면 최소한 해당 호스트가 관리하는 숙소가 30개가 넘는지 정도는 확인하는 일이 필요하다. 에어비앤비 앱 하단에 보면 호스트가 운영하는 숙소 리스트가 나온다. 30개가 넘지 않는다면, 개인들이 각자 알아서 객실을 판매하고 관리해 수익을 버는 구조라고 생각하자.

직접 호스트에 물어봐도 된다. 침구류 등 세탁물을 코인 세탁기를 이용하는지, 아니면 세탁전문업체를 통해 대형 세탁 살균기를 사용하는지 물어봐도 된다.

북큐레이션 • 경제적 자유를 누리고 싶은 이들을 위한 책

《나만 몰랐던 마지막 투자처 생활형 숙박시설》과 함께 읽으면 좋을 책. 돈과 시간의 자유를 누릴
수 있도록 재테크의 시야를 넓혀 드립니다.

큰 돈 없이
건물주 되는 법

3천만 원으로 빌딩 한 채 사십시오!

이대희 지음 | 15,000원

투자가 '투잡'이 된 시대
'공동투자'면 당신도 빌딩주로 살 수 있다!

어떤 상황에서도 투자 시장의 틈새는 있다. 그리고 투자의 귀재들은 이 틈을 정확
히 공략한다. 답은 '빌딩 공동투자'에 있다. 빌딩은 정부의 초강력 부동산 규제책
을 비껴가며, 대출 제한에서도 상대적으로 자유롭기 때문이다. 이 책은 좋은 빌딩
을 고르는 법, 빌딩주가 되었을 때의 관리 및 운영방법, 임차인과 원만히 계약하
고 결별하는 법까지 성공적인 빌딩주가 될 수 있는 노하우를 전부 담아냈다. 혼자
서는 살 수 없었던 빌딩, 이제 3천만 원이면 당신도 빌딩주가 될 수 있다! 지금 당
장 빌딩 투자에 성공해 플렉스하는 삶을 살아보자!

전국민 1인
1토지 프로젝트

난생처음 토지 투자

이라희 지음 | 18,000원

대한민국 제1호 '토지 투자 에이전트',
1,000% 수익률을 달성한 토지 투자 전문가의 땅테크 노하우

초저금리 시대, 땅테크가 최고의 재테크 수단으로 떠오르고 있는 지금, 전 국민
이 '1인 1토지'를 가져 재테크에 성공할 수 있도록 누구나 쉽게 실천할 수 있는 실
전 노하우를 담았다. 재테크를 전혀 해보지 않은 초보자도 이해할 수 있도록 개
발 지역 확인하는 법을 알려주고, 초보자가 꼭 봐야 할 토지 투자 관련 사이트,
용지지역 확인하는 법 등 실질적인 노하우를 공개한다. 나의 지금대에 맞는 토지
투자법, 3~5년 안에 3~5배 수익을 내는 법 등 쉽고 안전한 토지 투자 방법을
담아내 누구나 '1,000만 원으로 시작해 100억 부자'가 될 수 있다.

**지속적인
머니 파이프라인
만들기**

집은 넘쳐나는데
내 집은 어디 있나요?

부동탁 지음 | 16,000원

**부알못 탈출부터 내 집 마련, 부동산투자까지
빠르면 빠를수록 좋은 부동산 노하우**

많은 사람이 경제 위기 때는 투자를 망설인다. 그러나 부자들은 남들이 주저할 때 과감히 부동산에 투자한다. 집값은 반드시 오른다는 믿음이 있기 때문이다. 이 책은 부동산투자를 시작하고 싶어도 잘 모르는 '부알못'들에게 부동산에 대한 기초 지식을 전달하면서 '할 수 있다'는 부자 마인드와 구체적인 방법을 제공한다. 또한 종잣돈 3천만 원으로 직장인, 신혼부부, 사회 초년생들이 내 집 마련을 할 수 있는 방법을 알려준다. 집 없는 욜로, 집 없는 워라밸은 없다. 지금 바로 두려움을 뛰어넘어 내 집 마련의 길로 들어서라!

**눈여겨봐야
할 투자처 수록**

상위 1%만 알고 있는
돈 버는 지식산업센터

김성혜 지음 | 16,000원

**아파트가 아니다! 오피스텔이 아니다!
최적의 투자처는 지식산업센터다!**

연이어 발표되는 부동산 대책은 실제 투자를 생각했던 많은 사람에게 여러 고민과 상실감을 안겨주고 있다. 그러나 이런 부동산 시장의 불안함에서 살짝 벗어나 있는 물건들이 있다. 바로 업무용 부동산인 '지식산업센터'다. 저자의 오랜 경험에서 우러나온 노하우와 현장감 있는 스토리는 누구나 어렵지 않게 지식산업센터에 투자할 수 있도록 도와줄 것이다. 부동산투자 블루오션인 지식산업센터에 이 책을 들고 뛰어들어라! 규제로 막혀 있는 부동산투자에 새로운 기회로 다가올 것이다.